2〜5歳児
あそびアイディア 100

ピコロあそび会議・編著

普段・ちょこっと・異年齢・親子

Gakken

contents

この本の使い方 …… 4

4月
4月の保育とあそびのポイント …… 5
- おなまえ タンタン …………… 6
- てとて なかよし …………… 7
- おはよう！ …………… 8
- まねっこパンパンパン …………… 9
- お散歩探検ごっこ …………… 10
- おともだちと …………… 11
- 「ぎゅー」でつかまえて …………… 12

5月
5月の保育とあそびのポイント …… 13
- じゃんけんタッチ …………… 14
- 「いっしょに」であそぼ …………… 15
- かぜろべえ …………… 16
- 風はどっちから？ …………… 17
- パタパタうちわ …………… 18
- ボールを逃がさないで …………… 19
- くっつけまてまて …………… 20

6月
6月の保育とあそびのポイント …… 21
- なーにが動いた？ …………… 22
- いろいろ○△□ …………… 23
- 片足と両手仲良し …………… 24
- すりすりサーファー …………… 25
- いっぽん釣り …………… 26
- あわあわスポンジ …………… 27
- ウキウキ〜ドン！ …………… 28

7月
7月の保育とあそびのポイント …… 29
- フープくぐりリレー …………… 30
- ぐるぐる出てくる …………… 31
- 渦巻きキャッチ …………… 32
- 魔法のくすり …………… 33
- アイスレインボー …………… 34
- 矢印はどこだ …………… 35
- 通しま仙人 …………… 36

8月
8月の保育とあそびのポイント …… 37
- 夕立だー！ …………… 38
- お化けを探せ！ …………… 39
- ○○スイッチ …………… 40
- ウォーターマラソン …………… 41
- 王様だんご …………… 42
- 海のメドレー …………… 43
- なんとかなる輪 …………… 44

9月
9月の保育とあそびのポイント …… 45
- さわって² …………… 46
- いろえんぴつランド …………… 47
- なになんのにおい？ …………… 48
- 勇気のつるぎ …………… 49
- トライアングルタワー …………… 50
- 鐘が聞こえたのはだれ？ …………… 51
- みみあて …………… 52

10月

- 10月の保育とあそびのポイント …… 53
- ●秋こそ忍者 …………………… 54
- ●ザック探検隊 ………………… 55
- ●タオル DE 消防隊 …………… 56
- ●なんでもクレープ屋さん …… 58
- ●なんでもピッ！ ……………… 60
- ●ひっくり返して ぽん ………… 61
- ●おむすびころりんすっとんとん ……… 62

11月

- 11月の保育とあそびのポイント …… 63
- ●○○マン ……………………… 64
- ●しりとりでポーズ …………… 65
- ●ステージごっこであそぼう … 66
- ●どこから見ても ……………… 68
- ●サイレントミッションゲーム … 69
- ●大きくなったワ ……………… 70
- ●結んでほどいて ……………… 71
- ●どこであいました？ ………… 72

12月

- 12月の保育とあそびのポイント …… 73
- ●はさんでどんどん …………… 74
- ●ものしりとり ………………… 75
- ●ころりん ……………………… 76
- ●もちつきぺったん …………… 77
- ●ぶんぶんごまリレー ………… 78
- ●フ〜ラミンゴおに …………… 79
- ●ひっぱりだこ ………………… 80

1月

- 1月の保育とあそびのポイント …… 81
- ●動物すごろく ………………… 82
- ●福引きで大当たり！ ………… 83
- ●お手玉のっけてお年玉 ……… 84
- ●モノかるた …………………… 85
- ●おみくじごま ………………… 86
- ●なんでもごま ………………… 87
- ●あんこもち …………………… 88

2月

- 2月の保育とあそびのポイント …… 89
- ●雪だるまおに ………………… 90
- ●おなかおに …………………… 91
- ●サメカメアメ ………………… 92
- ●どっちかな …………………… 93
- ●あ・うんのストロー ………… 94
- ●お茶の間スタジアム ………… 96
- ●ラン・ジャン・ラン ………… 97
- ●パチパチおばけ ……………… 98

3月

- 3月の保育とあそびのポイント …… 99
- ●どっちにゴール ……………… 100
- ●トーナメントうっ! …………… 101
- ●思い出のあそびを楽しもう！ …… 102
- ●なーでなでじゃんけん ……… 104
- ●ぎりぎりせんぎり …………… 105
- ●おもいでのさんぽみち ……… 106
- ●びりぺったん ………………… 107
- ●かぶりんボール ……………… 108

親子あそび

- 親子あそびのポイント …… 109
- ●宝をゲット！ ………………… 110
- ●エンドレスしっぽ取り ……… 111
- ●ヒュー、ストン ……………… 112
- ●ガーガーずもう ……………… 113
- ●楽しくタッチタッチ ………… 114
- ●ぐるぐるさんぽ ……………… 115
- ●金の像を探せ ………………… 116
- ●おとなりさんゲーム ………… 117
- ●ビリッと突き破れ！ ………… 118
- ●エビ・カニリレー …………… 119
- ●集まれんじゃー ……………… 120
- ●わたしのカメの子どこかしら？ …… 121
- ●親子ゆうえんち ……………… 122

あそび早見表 …… 124

この本の使い方

月刊「piccolo」で、日々の保育をもっと楽しくするあそびのアイディアを毎月ご紹介している「あそび発見!」。本書は、そのアイディアから厳選したあそび100を見やすく、より使いやすくまとめています。それぞれの表記の意味を把握してお使いいただくと、みなさんの園やクラス、担当している年齢の育ちに合ったあそびが選べます。普段の保育にぜひお役立てください。

おすすめ年齢
あそびにいちばん適している年齢。
※年齢は、あくまでもめやすです。個々の子どもの発達に合わせて配慮してください。

おすすめシーン
保育の中で最も使いやすく、適している場面。
※シーンはあくまでもめやすです。別なときにもアレンジしてあそべます。

便利なインデックス
右ページには、使いたい月がすぐに開けるように、インデックスを付けました。

あそび方
あそび方は順番で示していますが、こうでなければならないというものではありません。子どもたちの様子を見て、アレンジしてください。

Point
あそびの進め方、着眼点、アレンジや保育者のかかわり方、配慮の仕方などを入れました。

アレンジ
あそびを繰り返すうちに、子どもたちは飽きたり、物足りなくなったりすることがあります。もっと子どもの考えを引き出して、あそびを広げたい、子どもにフィットしたものにしたい……といったときの参考に、基本のあそび方をアレンジした一例を載せています。クラスの子どもたちに合ったアレンジを考えるきっかけとしてご利用ください。

4月

4月の保育とあそびのポイント

2〜3歳児ころは

新しい環境に戸惑い、眠るのも食事をするのも、おもちゃであそぶのも落ち着かず、不安でいっぱいな4月の2〜3歳児。保育者はその気持ちをありのまま受け止め、信頼関係を築いていきましょう。「泣いてしまっても、わからなくても大丈夫」ということを繰り返し伝え、支えていくことが大切です。
あそびを選ぶときは、①スキンシップがたくさんできる、②みんなと同じことを楽しめる、③家庭にもある見慣れた物を使えるなど、安心感をもてるようにし、保育者が一人一人と優しくかかわることがポイントになります。

4〜5歳児ころは

4〜5歳児といっても、新しいクラスで過ごす4月は、不安なことも多く、緊張もします。まだまだ大人に甘えたり、抱っこされたりしたいという気持ちをもっています。でも、「もう大きいからかっこ悪い」とがまんしている子が多いようです。
そんな子どもたちには、保育者や友達とたくさんスキンシップをとったり、ふれあいながらあそんだりすることで、徐々に新しいクラスの友達と仲良くなれるようなあそびを選びましょう。

あそび案／鈴木翼

おなまえ タンタン

自分の名前が呼ばれるのを待ちながら、友達の名前も覚えられます。

あそび方

① タンタンタンと手を3回たたきながら、「○○ちゃん」と子どもの名前を呼ぶ。

Point

名前を呼ばれてもうまく手をたたけないときは、その子に合わせたスピードで手をたたきます。4月の前半は①〜③の基本のあそび、中盤からアレンジのあそびを進めると楽しめます。

② 名前を呼ばれた子は立ち上がって、「はぁい」と手を3回たたきながら返事をする。

③ ①、②を繰り返し、全員の名前を呼ぶ。

アレンジ

保育者が「○○くん」「○○ちゃん」と3〜4人の名前を呼び、呼ばれた子は、返事をして前に出てきます。③で保育者が「くっついて」と言ったらそばに寄り、「ピッタンコ！」と言ったら肩と肩をくっつけます。

①、②を繰り返す。
③

6

あそび案／小沢かづと

てとて なかよし （「ちょうちょう」のメロディーで）

友達と2人1組で向かい合い、歌をうたいながらあそびましょう。

あそび方 「ちょうちょう」のメロディーであそびます。

♪ てとね

① 片手を出す。

Point
体をほぐせるので、朝の集まりなど、ちょっとした時間にピッタリ。床やいすに座ったまま行えます。

♪ てはね

② もう一方の手も出す。

♪ なかよし パンパン

③ 手を合わせて2回たたく。

④ ①〜③を繰り返す。

♪ おそらで パンパン

⑤ 両手を合わせて、頭の上で2回たたく。

♪ ウサギも パンパン

⑥ 両手を合わせて、頭の上で2回たたく。

⑦ ①〜③を繰り返す。

3〜5歳児 　普段のあそび 　集まり 　あそび案／小沢かづと

おはよう！ （「もりのくまさん」のメロディーで）

みんなで保育者の後に続いて、まねをしながら体を動かしましょう。

あそび方　「もりのくまさん」の楽しいメロディーに合わせて、軽快に動きましょう。

♪ **おはよう**
① お辞儀をする。

♪ **○○組さん**
② 両手を体の横で振る。

♪ **ブルブル ブルブル**
③ 両手を上げて、全身をブルブルふるわせる。

♪ **こころはずませて**
④ 右回りに1周歩く。

♪ **きょうもあそぼうよ**
⑤ 左回りに1周歩く。

♪ **おー！**
⑥ 元気にポーズ！

アレンジ

帰りの集まりバージョンの歌詞を替えて、「こちょこちょ」でくすぐり合います。

帰りの集まりバージョン
♪ さようなら　○○組さん
　こちょこちょ　こちょこちょ
　こころはずませて
　あしたもあそぼうよ
　おー！

🍎 **Point**

追いかけ歌なので、すぐにまねしてあそべます。動いているうちに体がほぐれるので、朝や帰りの集まりなどに行う簡単な体操としてもお勧めです。リーダー役を子どもと交代すると、長い間続けてあそべます。

3〜4歳児 / 普段のあそび / 集まり / あそび案／鈴木翼

4月

まねっこパンパンパン

動物になり切ってあそぶうちに、クラスの友達の名前が覚えられます。

🍎 Point

「いつ自分の名前が呼ばれるのかな」とドキドキしながら待つことや、言われた動物の動きを考えることが楽しい。一人一人の動きが違うので、見ている子も飽きません。
呼ばれた子が次の子を選んだり、知っている子の名前を全部呼んだりして、大勢で動いても。また、子どもたちに好きな動物を聞き、いろいろな動物の表現を楽しめるようにしましょう。

あそび方

① ♪パンパンパン「○○ちゃん」と手を3回たたいた後に、子どもの名前を続けて呼ぶ（2〜4人くらい）。

② 名前を呼ばれた子は呼ばれた順に立ち上がって、♪パンパンパン「はーい」と手を3回たたいて、返事をする。

③ 保育者が手を3回たたいて、「○○ちゃん、ウサギ」「△△君、カエル」「□□ちゃん、ネコ」などと、それぞれの子どもに表現してほしい動物の名前を言う。

④ 子どもは、「ピョンピョンピョン」「ゲロゲロゲロ」「ニャーニャーニャー」などと、保育者に言われた動物の鳴き声をまねながら、その動物になり切って動く。

あそび案／犬飼聖二

お散歩探検ごっこ

探検ごっこを楽しみながら、保育者や友達、園生活に慣れ親しめます。

あそび方
保育者が隊長になり、「○○組探検隊になって、アマゾンの森へ探検に行こう！」と誘い、園庭に出ます。子どもたちは探検隊に変身し、隊長の後に続いて園庭めぐりをします。

※遊具から遊具へ移動するのに、時間がかかりそうな子がいるときは、あそびをつなぐように、みんなで友達を応援しながら「♪みんなで行けば怖くない」などと、唱え言葉を言いながら待ちましょう。

Point
晴れた日は公園や園庭で、雨の日はホールや園舎で工夫してあそべます。まずは保育者がアマゾンの森にいるつもりで、隊長になり切って楽しみましょう。クラスで初めてのごっこあそびにお勧め。

4～5歳児 普段のあそび／異年齢あそび　あそび案／小沢かづと

おともだちと

（「幸せなら手をたたこう」のメロディーで）

クラスの友達とあそんでいるうちに笑顔になって、仲良くなれるあそびです。

4月

あそび方

1番

♪ **おともだちと**
① 歩いて友達を探す。

♪ **てをつなごう（ぎゅぎゅ）**
② 近くにいる友達と手をつなぐ。

♪ **おともだちと**
③ 手をつないだ相手とそのまま歩く。

♪ **ジャンプしよう（ジャンプ）**
④ 両手をつないでジャンプする。

♪ **ぐるぐるぐるぐる まわったら**
⑤ 手をつないだまま、その場で回る。

♪ **おともだちを またさがそう（イエーイ！）**
⑥ 2人で好きなポーズを決める。

次はおしりだよー

※①、③、⑤〜⑥は1番の動きと同じ。

2番

♪ **おしりつなごう（ぷりんぷりん）**
② 近くにいる友達とおしりをくっつける。

♪ **ジャンプしよう（ジャンプ）**
④ 片手をつないだまま、その場でジャンプする。

🍎Point

①〜⑥で終わったら、また違う友達を探して繰り返しあそべるので、いろいろな友達とふれあえます。2番の②を歌う前に「次はおしりだよ」と声をかけると、動きが変わってもスムーズに動けます。
⑥のところで、「おともだちをまたふやそう」と歌って2人組を4人組、8人組に増やしてもあそべます。また「おしりつなごう」を「おでこ」「足」に替えてもおもしろい動きが引き出せます。

3〜5歳児 集まり 空き時間　あそび案／鈴木翼

「ぎゅー」でつかまえて

ちょっと照れくさい抱っこも、おにごっこの中だと自然と楽しめます。

Point

朝の受け入れのときなどに、最初に目を合わせ、笑顔で行います。言葉をかけるときは、節をつけて歌うような感じで。毎朝続けると、子どもたちも覚えて、一緒に唱えるようになります。

あそび方

① 子どもと1対1で行う。「おはようございます。♪最初はぎゅー」と節をつけて言ってほほえみかけ、保育者が子どもを1人ずつ抱き締める（3秒くらい）。

② 「♪おまけにぎゅー」と言ってもう一度抱き締め、子どもの目を見ながら、「♪今日も元気にパンパンパン」と言って、ハイタッチをする。

アレンジ

「ふやしおに」に、「ぎゅー」を取り入れたルールであそびます。

① 最初は保育者がおにになり、子どもを捕まえる。捕まえたら、「ぎゅー」で抱き締める。

② 捕まった子は次のおにになり、だれかを捕まえて抱き締める。抱き締められた子は、みんなおにになって増えていく。

5月

5月の保育とあそびのポイント

2〜3歳児ころは

保育者とのきずなはできてきたものの、大型連休などもあり、入園・進級という大きな変化を乗り越えるには、まだ少し時間がかかります。一人一人の子ども、特に4月には援助が必要なかった「よい子」にも、しっかりと目を向けたい時期です。

あそびで気分転換ができるように、5月のさわやかな青空の下で、リラックスできるようなあそびや、友達と一緒に体を動かしながらかかわりをもてるようなあそびを、みんなで楽しみましょう。

4〜5歳児ころは

年度初めのざわつきも一段落し、思い思いの行動をし始める4〜5歳児。周りにいる友達の存在にも目が向くようになり、あそびを通して友達とのかかわりも楽しくなってきます。

ゆったりとあそぶ時間をとり、大勢の友達と一緒にのびのびと体を動かして、かかわれるようなあそびをしましょう。また、あそびを通して、自分の思いを出したり伝えたりするようになるので、保育者は友達とのつながりを作ったり、かかわりを広げたりする手助けをしていきたいですね。

あそび案／大竹龍

じゃんけんタッチ

ペアになってじゃんけんを繰り返しながら、友達とふれあえるあそびです。

🍎Point

いろいろなあそびを始めるときに使えるじゃんけんですが、3歳児はまだじゃんけんに慣れていない子が多いので、じゃんけんのやり方がわかるように、最初はゆっくりと行いましょう。

あそび方

① 2人1組になって、「♪なかよし じゃんけん じゃんけんぽん」と唱えて、じゃんけんをする。

② 勝っても負けても、「タッチ！」と声をかけ合って出した手をくっつける。くっつけたときには、「タッチ、ガチャーン！」などとかけ声を決めて言う。
※かけ声は、「タッチ、イェーイ！」などとアレンジしても。

アレンジ 1

もっとスキンシップを楽しみたいときは、じゃんけんに勝ったほうが「タッチ、頭」「タッチ、おなか」などとタッチする場所を指示して、タッチし合うようにすると、さらにじゃんけんに熱が入ります。

アレンジ 2

4〜5歳児があそぶときは、「タッチできるのは『あいこ』のときだけ」というルールにして、あいこを目指して、じゃんけんを繰り返してあそんでみましょう。

2〜5歳児 / 普段のあそび / 異年齢あそび　あそび案／小沢かづと

「いっしょに」であそぼ

新聞紙を使ったシンプルなあそびですが、友達と一緒に楽しめます。

Point
新聞紙と歌があることで、知らない子ともスムーズにあそべます。また、新聞紙をくしゃくしゃに丸めたり、ビリビリ破いたりすることで、ストレス発散にもなります。

5月

準備
・新聞紙（2人に1枚）。

♪いっしょに　　　　　　　　　　　　　　作詞／小沢かづと
※「おおきなくりの木の下で」のメロディーで

2人で一緒に　丸めましょう　一緒に丸めましょ
仲良く一緒に　丸めましょう　わたしと一緒に　丸めましょう

※4〜5歳児が行うときは、「4人で一緒に丸めましょう」などと歌詞を替え、その都度人数を変えると、大勢の友達とかかわりがもてます。

あそび方

Aグループ　　　　　　　Bグループ

♪2人で一緒に丸めましょう

① 同じ人数で2つのグループに分かれる。1つは新聞紙を持つグループ（A）、もう1つは新聞紙を持たないグループ（B）になる。

② Bグループは輪になって座る。Aグループの子は1人1枚ずつ新聞紙を持ち、Bグループの子の隣へ行き、ペアになる。

③ 保育者の歌に合わせて、2人で1枚の新聞紙を丸めたり破いたりする。

※慣れてきたら、子どもたちも一緒に歌いながら行う。歌詞の「丸めましょう」のところを、「畳みましょう」「開きましょう」「ねじりましょう」などと替えて歌うと、いろいろな動作が楽しめます。

5歳児 普段のあそび　あそび案／小沢かづと

かぜろべえ

すずらんテープ1本で、こんなに楽しい風あそびができます。園庭へGO！

準 備
・すずらんテープを用意し、30㎝ほどの長さに切り、かぜろべえを作る（1人1本）。

あそび方

① 風に向かって、「かぜろべえ」を指にかける。

\できた/

Point

バランスをとりながら、かぜろべえを飛ばさないようにするのがちょっと難しいので、繰り返しあそんでこつをつかめるように、保育者が見本を見せながらかかわりましょう。
また、室内でもうちわをあおいで風を起こしてもあそべます。その場合は、うちわであおぐチームとかぜろべえを持つチームに分かれ、交代してあそぶと楽しいでしょう。

② 「かぜろべえ」を落としたり飛ばしたりしないように気をつけながら、体の向きを変えたり、指や腕を上下・左右に動かしたりする。

あー、飛んじゃった

2〜5歳児 / 普段のあそび / 異年齢あそび

あそび案／鈴木翼

風はどっちから？

風を肌で感じたり、揺れる物を使ったりして、流れる方向を調べます。

5月

Point
場所によって吹く強さや風向きが違うことを伝え、いろいろな角度から、子どもたち自身が発見して楽しめるようにします。

準備
・バケツに水を入れておく。
・広告紙を丸め、切ったすずらんテープをはって、風の棒を作る（1人1本）。

＜風の棒＞
広告紙
端を折って、セロハンテープではり留める
切ったすずらんテープをはる
セロハンテープ
※いろいろな長さの物を作る。

あそび方
バケツの水に浸してぬらした指を、風の吹いている所でかざし、風の向きを調べる。風向きがわかったら、「風の棒」を持って、風に向かって走る。ほかにも、風の通り道にはところどころ「風の棒」を立てておき、風を受けて動く様子を見て楽しむ。

どっちから吹いているかな
あっちから吹いてる

2〜5歳児　普段のあそび　保育参観でのあそび　異年齢あそび　あそび案／伊瀬玲奈

パタパタうちわ

懸命に風船を運ぶうちに、友達とのかかわりが生まれるあそびです。

準備
・ポリ袋を膨らませ、風船を作る。
・紙皿（直径18〜20cm）でうちわを作る（1人1枚）。
・おうちスペースを作る（室内＝ビニールテープ、戸外＝なわとびの縄や白線、水など）。

Point

おうちスペースは、2〜3歳児には広く、4〜5歳児には小さめに作ったり、少し高さのあるさくで囲ったりするとより楽しめます。また、入れるチームと防御するチームに分かれてもおもしろいゲームになります。

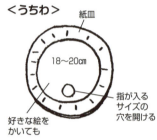

＜うちわ＞　紙皿　18〜20cm　指が入るサイズの穴を開ける　好きな絵をかいても

＜風船＞　輪ゴム　空気を入れたポリ袋

あそび方

風船をうちわであおいで、おうちスペースに入れる。

※2〜3歳児には、友達と並んであおぐと、より風船が動くことに気づけるよう、言葉をかける。

やったー　がんばれもうちょっとだよ　なわとびの縄

2〜5歳児 普段のあそび 保育参観でのあそび 異年齢あそび

あそび案／伊瀬玲奈

ボールを逃がさないで

みんなが同じ目的であそぶ楽しさを味わえる、簡単なあそびです。

5月

準備
・大きめのビーチボールに空気を入れ、3〜4個用意する。
※ビーチボールは子どもがけりやすい大きめの物を用意する。
4〜5歳児なら、ドッジボールを使っても。

Point
ボールを輪の外に出さないという同じ目的があるので、みんなであそぶ楽しさが味わえます。友達と手をつなぐことが苦手な子は、保育者とつなぎ、安心して参加できるようにしましょう。保育参観（参加）のときに親子で行うゲームとしてもお勧めです。

あそび方

① みんなで手をつないで内側を向き、1つの輪になる。

② 最初はボールを1つ入れ、輪の外に出さないように、け り合う。

③ 繰り返しあそび、5回続けてけっても輪の外にボールが出なかったら、みんなで輪の中心に集まり、保育者のリードで、「やったー！」と決めのポーズをする（例：「ウー、イェイ！」とガッツポーズをするなど）。繰り返しあそんで慣れてきたら、ボールを2個、3個と増やしてあそぶ。

※2〜3歳児が行うときは、小さめの輪を作って、座ったままけるようにしてあそぶ。

あそび案／鈴木翼

くっつけまてまて

ちょっぴり負荷をかけるので、おにも逃げる人もこつがいるおにごっこです。

準 備
- 保育者と子どもで「おなかピタ」を作る（1人1つ）。
- 子どもが画用紙に絵をかく。
- 画用紙の縁にすずらんテープをはる。

＜おなかピタ＞

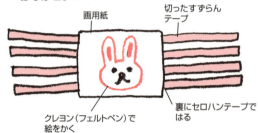

Point

「おなかピタ」を落とさないようにするこつをつかめるように、保育者も一緒に楽しみましょう。5歳児になると風の強弱によって、物の動きや音の大きさが違うことにも気づくので、繰り返し試すと、観察するきっかけにもなります。

あそび方

① 風の吹いている方に向かって立ち、「おなかピタ」をくっつける。

② 「おなかピタ」を落とさないようにしながら、おにごっこをする。最初は保育者がおにになって行う。タッチされた子や、「おなかピタ」を落としてしまった子が次のおにになる。

6月の保育とあそびのポイント

2〜3歳児ころは

友達とあそぶことが楽しくなってくるころです。仲の良い子ができるので、ようやく自分の思いを出し始めます。しかし、まだ自分の思いを言葉でうまく表現できないので、すれ違いもあります。
そこで、友達と同じことをしたり、同じ目的をもって体を動かしたりするあそびを楽しめるようにします。友達と「おもしろいね」「楽しいね」という思いを共有できるように、保育者がかかわりをつなぎ、一緒にあそびましょう。

4〜5歳児ころは

友達とグループで活動したり、一緒にあそんだりする機会が増えてきます。それと同時に、友達とかかわるおもしろさと難しさも感じ始めます。互いの気持ちに気づき、相手を思いやる関係を作っていけるようにつなげていきましょう。
あそびとしては、1人だとうまくいかないことも、友達と一緒だとできるあそびや、雨の日にも室内で体を動かして、自分たちで展開できるあそびを楽しめるようにリードしましょう。

あそび案／鈴木翼

なーにが動いた？

動かした物を当てます。子どもたちの鋭い観察眼に驚かされるあそびです。

準 備
・机の上にクレヨンやペットボトル、おもちゃなどを並べておく。

あそび方

① 保育者が机の上に、ランダムに物を並べる。「何が並べてあるか、よく見て、覚えてね」と言う。

② 子どもたちは、全員後ろを向く。その間に、机の上の物を1つだけ動かす。

③ 「なーに、なーに、何が動いた？ 動かした物は何かわかるかな？」と問いかけ、動かした物を当てっこする。

※4〜5歳児なら、ままごとコーナーや保育室の一部を使って当てっこしても。

Point
何度かあそんだら、置く物を増やす、動かす物の数を増やすなど、少し難しくすると楽しめます。

あそび案／伊瀬玲奈

いろいろ○△□

床におしりをつけて懸命に移動するので、よい運動になります。

Point
10人くらいで行うのが楽しいあそびです。○△□形はあまり大きく作らず、数人のおしりが入るくらいの大きさにすると、友達とふれあってあそべます。

6月

準備
- 保育室の床に3〜4色のビニールテープで○、△、□形の枠をいくつか作り、中心に枠とは別の色のテープで点をはる。
- リーダーを1人決める(最初は保育者が行う)。

あそび方

① リーダーが、「いろいろ どこかな〜いろいろ〜赤」と色を指示する。子どもたちは指示された色を探して、床におしりをつけたまま移動し、その色の形の中におしりを入れる。
※移動するとき、床におしりをつけていない場合は、おしりを離した位置まで戻らなければならない。

② 次に「いろいろ どこかな〜いろいろ〜△」と形だけを指示したり、「いろいろ どこかな〜いろいろ〜赤の○」などと色と形を指示したりするなど、条件を変えて、指示を出す。

③ 慣れてきたら、「○△□の中心にある点を、いちばん速く、全部おしりで隠した人が次のリーダーになる」というルールにして、リーダー役を子どもが行う。

3～5歳児 普段のあそび

あそび案／伊瀬玲奈　小沢かづと　鈴木翼

片足と両手仲良し

友達と協力してバランスやポーズをとるので、連帯感を感じられます。

準備
・リーダーを1人決め（最初は保育者が行う）、ほかの人は2人1組になる。

あそび方

① ペアになった人と向き合い、片方の足で立ってから、両手を合わせる。両手には少し力を入れて支え合い、上げた足を床につけないようにする。

② 両手を合わせたまま、リーダーの指示に従ってポーズをとる。ただし、上げていた足をついたり倒れたりしたら、その場に座って、友達を応援する。

＜ポーズの例＞
a＝手を胸の前に（3～5歳児）
b＝手を上に（3～5歳児）
c＝手を横に（3～5歳児）
d＝おでこをくっつける
　（4～5歳児）
e＝おでこをくっつけて、片足を後ろに伸ばす（4～5歳児）

③ 2つのポーズができたら、ペアを替える。

アレンジ

人数を3人、4人と増やしても楽しめます。バランスはとりやすくなるので、4～5歳児は、床についている足を入れ替えるなど、難しい動きを取り入れてあそびます。

Point

片方の足で立つのは、1人だと難しいのですが、2人で支え合うとバランスをとりやすいことに、あそびの中で気づきます。「友達と一緒だと頑張れる、できる、楽しい」という思いに、共感する言葉をかけましょう。
また、子どもと一緒にオリジナルのポーズを考え、「○○ちゃんの考えた△△ポーズ」などと名前を付けて、発展させていくと継続してあそべます。

あそび案／小沢かづと

すりすりサーファー

布の上でバランスをとりながら、少しずつ進むのが楽しいゲーム。

はみ出さないように布の上で足を動かすのが難しく、なかなか前に進まないのがおもしろいゲームです。保育者が一緒にあそびながら体の動かし方や前に進むこつを伝え、繰り返しあそびましょう。こつを覚えた子が、同じチームの子に教えたり、応援し合ったりすることで、仲間意識が芽生えます。

準備
- 布（ぞうきんまたは、ぞうきん大に切った不織布・6枚くらい）、目印（三角コーン や大型積み木・2個）を置き、コースを決める。
- 全員が2チームに分かれる。

あそび方

① 2チームとも1列になって、スタート・ゴールラインに並ぶ。保育者が先頭の人に、1枚ずつ乾いた布を渡す。

② 保育者のスタートの合図で、先頭の人は、布の上に両足で乗り、布からはみ出さないように足を動かしながら、目印を回って、ゴールラインに戻る。

③ ゴールラインで、次の人に布を渡す。リレー形式で競走し、最後の人が早くゴールしたチームの勝ち。

アレンジ1

各チームでペアを作り、真ん中の布には、それぞれが片方の足を乗せて進みます（布の数を増やして、3人で行っても）。

アレンジ2

3人1組になり、1列になって進んで、出会ったチームと先頭同士がじゃんけんをします。勝ったら1ポイントゲットし、違うチームと次々に勝負。一定時間内にたくさんポイントしたチームの勝利とします。

3〜5歳児　普段のあそび　異年齢あそび　あそび案／大竹龍　小沢かづと

いっぽん釣り

友達とペアになって、物を持ち上げるシンプルなあそびです。

準備
- 保育室にある物（ブロック、空き箱、ボール、鉛筆、ぬいぐるみ、積み木、段ボール箱、紙しんなど）とかごを2つ用意する。
- 2人1組になる。

あそび方

① 最初に、保育者がお手本を見せる。「指1本で何が持ち上げられるかな」と言葉をかけ、子どもと2人で1つのブロックをそれぞれ指1本で持ち上げてみせる。

② 子どもたちはペアになった友達と好きな物を選んで、2人で向き合い、それぞれ指1本でいろいろな物を持ち上げる。
※大きな物や持ち上げにくい物があるときは、人数を増やしてチャレンジしても。

③ しばらくあそんだら、かごを2つ用意して2チームに分かれ、時間内にかごの中にいくつ物が運べるか競争する。

Point
最初に保育者と子どもが実際にやって見せることで、やり方が伝わります。友達とペアで物を運び、話し合ったり息を合わせたりしながら協力し合うので、かかわりが深まります。友達と肩を組んで行っても。繰り返しあそび、自分のクラスなりのあそび方を発見してみましょう。

せーの、よいしょ！

もう少しね

アレンジ

いくつかのチームに分かれ、いすに座って指1本で物を回していくリレーにしても、おもしろいあそびになります。この場合、各チームとも同じ物を使いましょう。

紙しん

あそび案／伊瀬玲奈

あわあわスポンジ
足の裏で、スポンジと水、泡の感触を楽しみます。

準備
- 食器用の薄めのソフトスポンジ（1人1個）、ボディーソープ、たらいを用意し、たらいに水を張っておく。
  ※スポンジは厚い物だと滑りやすいので、薄めの物を用意する。

あそび方

① 園庭に、乾いたスポンジ、ボディーソープをたらしたスポンジ、水を含ませたスポンジを並べる。

② はだしになって、1人ずつスポンジの上を歩く。①乾いたスポンジ→②ボディーソープを少量たらしたスポンジ→③水を含ませたスポンジの順に歩く。
　※滑りやすいので、スポンジは砂場や土の上に設置する。室内で行うときは、ワックスがけした床などは避ける。

Point
水そのものではなく、水を含んだ物の感触というのも、水の新たな一面を知る経験になります。乾いたふわふわのスポンジと水を含ませたスポンジを踏んだときにジュワーとにじみ出てくる水の感触、そして、踏めば踏むほど出てくるたくさんの泡の感触の違いに気づけるように、言葉をかけて楽しみましょう。

6月

あそび案／大竹龍

ウキウキ〜ドン！
自分たちで水に浮く物、沈む物を探してきてあそびます。

準 備
- たらいを用意し、水を張る。
- 自然物（木の小枝、石、散った花、葉っぱなど）を集める。

あそび方
① 戸外で、水に浮かびそうな自然物を探してくる。
② たらいの所に集まり、「ウキウキ〜ドン！」とみんなで言いながら、集めてきた物を一斉に水に浮かべる。
③ 「浮くか」「沈むか」を見て楽しむ。

Point
「ウキウキ〜ドン！」とみんなでかけ声をかけることで、楽しさが増します。4〜5歳児は、画用紙などでウキウキリストを作り、早く沈む、遅く沈むなどと分類してあそぶと楽しめます。リストにない物を探してきて、繰り返し行いましょう。

7月の保育とあそびのポイント

2〜3歳児 ころは

園生活をのびのびと楽しむようになり、戸外活動が盛んになり、子どもたちは水あそびや泥んこあそびに興味を示すようになります。水への興味をとらえ、水を使って楽しめるあそびを工夫しましょう。また、友達への関心も高まるときなので、楽しさを共有できるように言葉をかけていくことも大切です。

暑さが厳しくなってくる時期でもあります。子どもの体調に合わせて、活動と休息のバランス、水分補給などを考え、健康管理に努めましょう。

4〜5歳児 ころは

夏本番の暑さがやってきます。自分で汗の始末をしたり、水分補給をしたり、日陰を選んであそべるように、声をかけましょう。また、プールあそびなどの前に、水の不思議や動き、性質などを知るあそびを用意し、水の苦手な子どもも、水への興味・関心が膨らむようなきっかけも作っていきます。

5歳児は、あそびの中で自分の考えを話したり、友達のアイディアを受け入れたりして工夫してあそぶ姿も見られます。お泊まり保育などにも協力し合って進められるようなあそびも提案し、友達とのかかわりを楽しめるようにしましょう。

4〜5歳児　普段のあそび　保育参観でのあそび　異年齢あそび　あそび案／大竹龍

フープくぐりリレー

体を動かして、フープを落とさないように隣の人に早く渡すゲームです。

準備
・1チームに3本ずつのフープ（大・中・小）を用意する。

あそび方

① 2チーム以上に分かれ、各チームが横1列になって手をつなぐ。先頭の子がフープを持つ。

② 保育者の「スタート！」の合図で、先頭の子から手をつないだまま、3本のフープを1本ずつ隣の子へ渡していく。
※手を離してしまった場合は、また先頭の子にフープを戻す。

③ 全部のフープを、最後の子に早く渡し終わったチームの勝ち。

Point
体をうまく動かして早くフープを隣の子に渡すために、仲間と声をかけ合い、協力し合うことが大切になります。また、小さいフープを渡すときは柔軟な動きや工夫が必要になります。

2〜5歳児 / 普段のあそび / 夏期保育でのあそび

あそび案／鈴木翼

ぐるぐる出てくる
色水を入れてぐるぐるかき混ぜる、シンプルで不思議なあそびです。

準 備　・洗面器に1〜2cm水を入れ、濃いめに絵の具を溶いて、色水を作る。

あそび方　色水を手で円を描くように素早くかき混ぜ、できた渦をみんなで見る。

※前もって養生テープに絵をかいて洗面器やたらいの中心にはっておくと、洗面器の底が見えたときに不思議さが増す。

7月

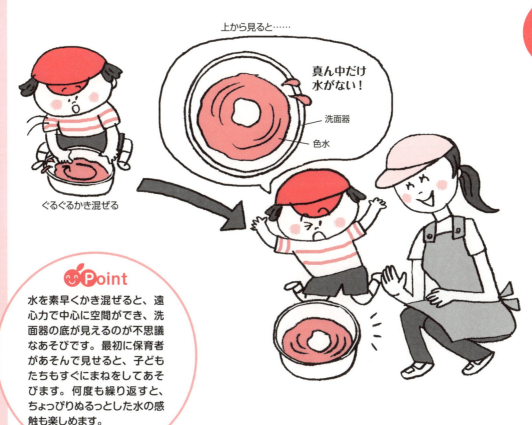

ぐるぐるかき混ぜる

上から見ると……

真ん中だけ水がない！

洗面器
色水

Point
水を素早くかき混ぜると、遠心力で中心に空間ができ、洗面器の底が見えるのが不思議なあそびです。最初に保育者があそんで見せると、子どもたちもすぐにまねをしてあそびます。何度も繰り返すと、ちょっぴりぬるっとした水の感触も楽しめます。

あそび案／大竹龍

渦巻きキャッチ

ぐるぐる回っているキャップをつかむのが難しい！ 水の動きを感じます。

準備
- ペットボトルのキャップの内側底部分に、子どもが好きな色のシールをはったり、油性フェルトペンで顔やマークなどをかいたりして、自分の船を作る（1人1つ）。
- たらいに深さ10cmくらい水を入れる。

あそび方
① たらいの水に、自分の船を浮かべる。
② 保育者がたらいの水をかき混ぜ、渦を作る。
③ 保育者の「3、2、1、GO！」の合図で、子どもは自分の船を見つけて、キャッチする。

Point
浮いている自分のペットボトルキャップを探して、キャッチするというのがなかなか難しいので、最初は2〜3人から始めると、あそびやすいでしょう。キャップにはったシールの色や動きを見るだけでも楽しいので、鮮やかな色を増やすとよりきれいです。水の苦手な子も、抵抗なくあそべます。

あそび案／鈴木翼

魔法のくすり

色水をかけると、魔法の水をかけたみたいに、絵や文字が浮かび上がります。

準備
・ろうそく、絵の具、霧吹きか洗剤の空き容器、紙、テープを用意する。
・霧吹きに絵の具を濃いめに溶いた色水を作って入れる。
・色水を入れた容器をよく振っておく。

あそび方

① 紙にろうそくで文字や絵をかき、テープで壁などにはる。
　※白い紙に白いろうそくでかくので、絵や文字は見えない。

② 霧吹きで、少しずつ紙に色水を吹きかける。

Point
見えなかったものが見えるので、好奇心をかきたてられます。また、紙に水を流すと、絵や文字が見えなくなるので、繰り返しあそべます。紙に「あたり」「はずれ」などとあらかじめ書いておき、子どもが色水を吹きかけるようにして、当てっこゲームをしても楽しいです。シートを敷くと、テラスや窓の所でもできます。

7月

3〜5歳児 ／ 普段のあそび ／ 夏期保育でのあそび

あそび案／小沢かづと

アイスレインボー

氷の滑る動きや氷が作る鮮やかな色の模様を楽しめます。

Point

氷がよく滑らないときは、はけやぞうきんなどで模造紙全体を一度ぬらすと、よく滑るようになります。また、氷を1か所にとどめておくと、くっつくことがあるので、注意しましょう。氷の通り道にできた線がおもしろい模様になるので、模造紙を乾かして壁面などにはって、みんなで鑑賞しても楽しいでしょう。

準備

・模造紙、シート、製氷皿、段ボール板、プリンカップ（人数分）。
・製氷皿に何色かの水彩絵の具で作った色水を入れ、氷を作る。
　※色水だけでなく、花びらや葉っぱなどを入れた氷を作っても。
・テーブルにシートを敷き、その上に模造紙を広げ、四隅をテープではる。
・テーブルの周りに段ボール板をテープではり、低い囲いを作る。

あそび方

① 氷を製氷皿から取り出し、模造紙の上を滑らせてあそぶ。氷がうまくつかめない子は、プリンカップをかぶせて氷を動かす。

② 氷が滑った後に色が付くので、氷を滑らせてさまざまな模様をかく。

③ しばらくあそんだら模造紙を外し、乾かして壁面に飾る。

色水の氷

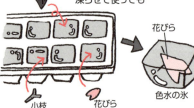
自然物を入れ、凍らせて使っても
葉　小枝　花びら　色水の氷

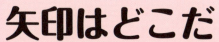

あそび案／鈴木翼

矢印はどこだ

矢印や文字を見つける楽しさや、たどった先に何があるのか、わくわくします。

準備
- 紙、フェルトペン、セロハンテープ、お菓子の缶や箱など、宝物にする絵本を用意する。
- 指令文を考え、紙に矢印と指令文の文字を1文字ずつ書く。
- 文字を書いた紙と矢印を宝物の場所へ導くようにセロハンテープではる。

あそび方

① お泊まり保育の場所で、子どもが来る前に、紙に書いた矢印と文字をはる（指令文）。文字は1文字ずつたどれるようにはり、全部見つけると宝物の場所がわかるように書く。

＜指令文の例＞
・すべりだいのしたをみろ。
・えんちょうせんせいのへやのつくえをみろ。

② 宝物は、お泊まり保育の中で読み聞かせたい絵本などをお菓子缶に入れて、指令文に書いた場所に置く。

③ 子どもが来たら「矢印だね。何だろう？」と言葉をかけ、文字をたどって探せるようにする。宝物を見つけたら、「やったー！ 見つかったね。絵本は後で、みんなで読もうね」などと、その後の活動につなげる。

アレンジ

3～5人のグループに分かれて、夏期保育の中のあそびにしても。5歳児がリーダーになって文字を読み、異年齢であそぶとちょっとした探検気分も味わえるので、異年齢間の交流が深まります。

Point

お泊まり保育を園舎で行う場合は、普段は入れない部屋に矢印で導いて入れるようにするなど、特別な楽しみをプラスすると子どもたちは大喜びします。

5歳児 普段のあそび／夏期保育でのあそび

あそび案／小沢かづと

通しま仙人

戸外で開放感を味わいながら、オリエンテーリングのようにあそびます。

準備
- 紙、フェルトペン、リボンやひも、穴開けパンチを用意する。
- 紙にポイント地点を入れた地図をかき（グループに1枚）、子どもが首から下げられるようにひもを通し、セロハンテープで留める。
- お題を考えておく。

あそび方

① 山登りや散歩をする場所で、スタート地点とゴール地点を決め、途中に3～4か所のポイントを作る。
※グループに1枚、ポイントを示したカードを渡す。

② 子どもたちは5人くらいでグループになって歩き、各ポイントで仙人（保育者）の出すお題を聞き、次のポイントで答える。答えられないとポイントは通過できないことにする。

＜お題の例＞
- この木の枝と似た形の枝を3本持ってくるのじゃ。
- 手の中にある石とだいたい同じ大きさの石を持ってきてみよ（石は握って見せない）。
- 穴の開いている葉っぱを3枚持ってきてみよ。

③ ポイント地点では、お題をクリアすると仙人が次のポイントで出されるお題を伝える。各グループは、次のポイントに着くまでみんなで答えを考えたり、必要な物を探したりして歩く。

地図（グループに1枚）

アレンジ

お泊まり保育で園舎に泊まり、室内で行う場合は、ポイント地点を保育室やホール、普段はあまり入れない園長室、教員室などに設定してあそびます。

＜お題の例＞
- 3秒以内に背の低い順に1列に並ぶのじゃ。
- 早口言葉を1つ言ってみよ。
- 好きな動物3つの鳴き声をまねしてみよ。

Point

「ポイントを通過する」という一つの目的をもつことで、友達と話し合ったり、お題をクリアするために必要な物を集めたりして協力し合うので、連帯感を感じられるあそびです。
保育者は、各ポイントのところで待つ係と移動中を見る係に分かれて見守り、安全にあそべるように配慮しましょう。

8月の保育とあそびのポイント

2～3歳児ころは

夏休みや休暇をとる家庭も多く、異年齢の子どもたちとのふれあいが多くなります。年上の子どもたちのまねをしたり、あこがれたりしながらよい刺激を受け、自信や成長につながるように援助していきましょう。特に3歳児は、新しいことや年上の子どもたちの行動に興味をもちます。運動会に向けて、少しずつ体を動かすあそびなども取り入れていきたいですね。また、厳しい暑さで体調をくずしやすい時期なので、水分補給や休息を十分にとりながら、引き続き健康管理にも留意します。

4～5歳児ころは

夏ならではの楽しい保育の計画があり、異年齢で過ごす日や、少ない人数であそぶ機会もあります。「友達と一緒にあそべて楽しかった」という思いや、気持ちよさを共有できるようなあそびを提案し、クラスの友達や異年齢児とのかかわりを深めていきましょう。また、水あそびやプールあそびなどを思い切り楽しみますが、ときどき体を休めることにも配慮して、静かに、ゆったりと楽しめるあそびなども準備しておきましょう。

2〜5歳児 普段のあそび 夏期保育でのあそび あそび案／小沢かづと

夕立だー！

ビニールシートを使って、水しぶきや水の音が楽しめるあそびです。

準備
・園庭の水道の近くにシートを1枚用意し、置いておく。
・水道にホースをつけ、いつでも水を出せるようにしておく。

あそび方

① 子どもたちにはシートの周りを歩き、途中で保育者がホースの水で雨を降らせる。「夕立がくるぞー、雨が降ってくるぞー！」と保育者が言ったときだけ、雨にぬれないように素早くシートをめくって中で雨宿りをするようにルールを話す。ただし、「あ、あ、あ、あめが食べたい」「雨が降ってこなーい」などと保育者が違う言葉を言ったときは、シートに隠れてはいけないことにする。

② 雨宿りは、雨の音がしなくなったら終わり。またシートの外に出て歩き、繰り返しあそぶ。終了するときは、保育者があそびの盛り上がり具合などを見て決める。

※ 2歳児が行う場合は、保育者2人があそびに加わり、雨を降らせる係と子どもと一緒に雨宿りをする係に分かれてあそぶと安全面に配慮でき、子どもたちも安心して楽しめる。

Point
いつ夕立が来て、雨が降ってくるのかわからないのがおもしろいあそびです。「雨かな」と構えると違う言葉を言われ、「雨がやんだ」と思ってシートの外に出ると、急に雨が降ってきたりするので、子どもたちがわくわくしながら楽しめます。ちょっぴりかかる水しぶきやシートの雨音も子どもたちは大好き。歓声が上がります。

あそび案／鈴木翼

お化けを探せ！
自分の作ったお化けを見つけると、楽しさが倍増するゲームです。

Point
お化けを見つけると、次に自分でお化けを隠せるので、隠す場所を考えて楽しめます。隠すお化けの数は、人数や時間によって調節しましょう。

準備
- 保育者が事前に画用紙で「お化けカード」をたくさん作っておき、子どもが目や口をかいて、お化けを作る。

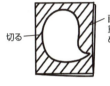
＜お化けカード＞
切る／画用紙を重ねてまとめ切りする

あそび方

① あらかじめ保育者が、子どもの作ったお化けを5枚選び、保育室のいろいろな場所に隠す。
※園庭あそびなど、子どもが保育室にいないときに隠す。

② 子どもが部屋に戻ってきたら、「お化けを5匹隠したから探してね」と伝え、みんなでお化けを探す。

③ お化けが5匹とも見つかったら、今度は見つけた子が自分の好きな場所にお化けを隠す。何回か繰り返しあそんだら、終了する。みんながかいたお化けは、飾っておく。

8月

あそび案／鈴木翼

○○スイッチ

水あそびやプールあそびの後などにぴったりのあそびです。

🍎 Point

正解は保育者が決めるので、子どもの表情を見ながら、正解を出すタイミングを計りましょう。うれしそうにスイッチを押していたら、なかなか正解にしないのもありです。アレンジのように子ども同士であそぶときは、「1回正解したら交代する」「2回間違えたら交代する」など、ルールを決めてあそぶと、スムーズにあそびを進められます。

あそび方

① 初めは保育者と子どもであそぶ。子どもと向かい合って座り、両手の指を開いて出し、「好きな指に1本ずつ触ってみて。どれか一つが、お化けになっちゃうスイッチになっているよ」と伝える。

② 子どものふれた指が、正解のお化けスイッチなら「ピンポーン！」と言ってお化けのまねをする。間違いだったら「ブー！」と言って泣きまねや、怒った顔をしたりして表情を変える。

③ 何回か、間違いが続いたら、「ブー！ ガシャーン！ 壊れちゃった」と言って終了する。

アレンジ

慣れてきたら、スイッチをおでこ、ほお、耳の3か所に決め、それぞれを指さしながらスイッチの場所を示し、好きな所を押すように伝えます。子ども同士でペアになって、スイッチになる人と押す人を交代しながらあそんでみましょう。正解するとアニメのヒーローに変身、間違えるとお化けや怪獣になってしまうなど、子どもたちからいろいろな発想が生まれ、どんどん盛り上がります。

あそび案／小沢かづと

ウォーターマラソン

チームの協力が必要なので、異年齢のきずなが深まります。

準備
- 500mlのペットボトルに水を入れた物4本×2（チーム数）。
- スタートとゴールのラインを引く（場所を決める）。

あそび方

① スタートとゴールの場所を伝え、保育者が審判をする。子どもたちは2チームに分かれ、水の道を作る人（掘る人）と水を流す人を決める。スタートからゴールまでの間に、どうすれば長く水の道を作れるか、作戦を考える。

② 各チームに500mlのペットボトル4本に水を入れたものと、スコップを人数分用意し、審判（保育者）のスタートの合図で水の道を掘ったり、水を流したりする。

③ ペットボトルの水がなくなったら終了。審判が各チームの水の流れた距離を比べ、水の跡が長く続いていたチームの勝ち。

 Point

チームで作戦を立て、協力して道を作るので、年上の子が自然に小さい子をリードしてあそべます。同じチームになった子が、夏休み後も一緒にあそぶ姿が見られることも。

8月

あそび案／小沢かづと

王様だんご

転がしてもなかなか割れない固いだんご作りに、夢中になります。

準備

・1000mlの牛乳パック3個で表彰台を作る。

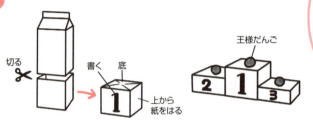

・段ボール箱（段ボール板をガムテープではり留める）などで斜面を作る。

Point

自分だけのおだんごを作って、ゆっくりあそべるようにしましょう。固い泥だんごを作るのが上手な年上の子に教わる姿が見られるので、2学期の普段のあそびや異年齢でのあそびにつなげてもいいですね。

あそび方

① みんなで泥だんごを作る。
② 段ボール箱などで斜面を作り、自分の作った泥だんごを転がしてあそぶ。何回か転がしてあそび、最後まで割れなかった泥だんごを「王様だんご」とする。
③ 牛乳パックで表彰台を作り、泥だんごの1位（王様だんご）、2位、3位を決めて飾っておく。

あそび案／小沢かづと

海のメドレー

海の生き物をイメージして、なり切って泳ぐ動きが楽しいリレーです。

準備
・スタート・ゴールラインを引く（場所を決める）。
・三角コーンや段ボール箱など、目印になる物を用意し、折り返し地点にする。

あそび方

① 4人で1チームを作り、いろいろな海の生き物のまねをして走り、メドレーリレーをする。各チームともイルカ泳ぎ（両足でジャンプ）→エビ泳ぎ（後ろ向きで走る）→カニ泳ぎ（横向きで走る）→クラゲ泳ぎ（けんけん）の順で走る。

② 各チームで、だれがどの泳ぎをするか話し合って決める。

③ 保育者の合図で一斉にスタートし、早くゴールしたチームの勝ち。

Point
ただ走るリレーと違い、ジャンプやけんけんをするので、かけっこが早いだけでは勝てないところがおもしろく、泳ぎ方を交代すると繰り返し楽しめます。最初に海をテーマにした図鑑を見せたり、保育者が海の生き物の泳ぎをまねたりすると、イメージをもってあそべます。

8月

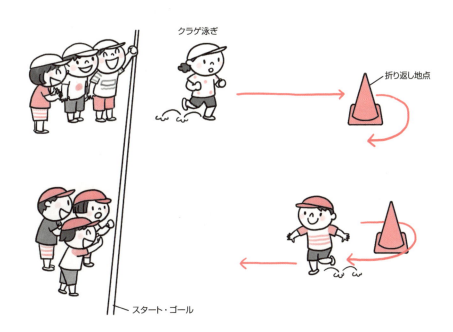

あそび案／小沢かづと

なんとかなる輪

どうすればつながれるか、チームみんなで考えるのが楽しいあそびです。

準備

・5mくらいのすずらんテープで輪を作る（1チームに1つ）。

すずらんテープの輪（4重）

Point

つながり方を工夫するうちに、寝転んで手足を伸ばしたり、靴や帽子を並べてつながろうとするチームも出てきます。物と手や足がつながっていればOKというルールにすると、おもしろくあそべます。

あそび方

① 5人1組で人数に合わせて何チームかに分かれる。輪は、保育者が4重にまとめ、小さくして各チームに渡す。

② チームごとに集まり、真ん中に輪を置く。「輪の外側でつながれるかな」と保育者が投げかけ、子どもたちは手や足、靴などを使ってつながる。

③ 最初は4重の輪から始め、できたら3重、2重とだんだん輪を大きくしていってあそぶ。

9月

9月の保育とあそびのポイント

2〜3歳児ころは

夏を経たころから、気力・体力ともに充実してきます。残暑が厳しい中、園庭で追いかけっこをしたり、三輪車に乗ったりしてあそぶ姿が見られます。生活面でもいろいろなことを積極的に自分でしようとする姿も見られ、成長を感じます。
物への興味も深まり、見比べて違いに気づいたり、ふれて感触を確かめたりします。積んだり並べたりすることを楽しむ子が増えてくるので、視覚、触覚などを刺激するあそびをじっくりと楽しめるように、環境を整えましょう。

4〜5歳児ころは

4歳児は仲間と話し合ってあそぶ姿が見られますが、その分いさかいも増えてきます。自己主張を受け止め、ほかの子どもとの折り合いのつけ方を丁寧に伝えていきたいですね。
5歳児は同じ目的に向かって、協力してあそぶことを楽しむ姿が見られます。いろいろな行事を通して、クラスでやり遂げたことや個々の成長を認め、自信をもって活動に取り組めるように言葉をかけていきましょう。4〜5歳児とも体を動かすことが多いので、休息をとりながら、落ち着いて、集中してあそぶ機会も大切にしましょう。

きれいに並べたね
集めた木の実
タッチ！
あっ

3〜5歳児 普段のあそび　あそび案／鈴木翼

さわって 2

中身が見えない箱の中にあるのは？ 触って中身を当てるゲームです。

Point

慣れてきたときや4〜5歳児が行うときは、箱に入れる物の数を増やす、感触の似ている物をいくつか入れる、といったことで難度を上げると、さらに楽しくあそべます。

準備
- 箱（段ボールなど）に直径15cmくらいの穴を開け、穴の回りにテープをはる。箱全体に紙をはり、絵などをかいてもよい。
- 子どもに見せないようにして、箱の中に物を入れておく（最初は、感触の違う物を4種類くらい）。

あそび方

① 保育者が箱の中の物を1つ選び、「柔らかくて、さらさらしています」などとヒントを出す。

② 「箱の中の物を触ってみたい人はいる？」と呼びかけ、手を挙げた子の中から1人選ぶ。

③ 選ばれた子は、目を閉じて箱の中の物を触り、保育者のヒントに合う物を探す。

④ 保育者が「正解は何かな。みんなも一緒にせーのって言ってね」と声をかけ、"せーの"の合図で子どもが箱の中から、選んだ物を取り出す。保育者のヒントどおりの物が出せたら、子どもの勝ち。

アレンジ

4〜5歳児があそぶときは、3人1組になり、箱を2つ用意します。箱の中に入れる物は絵にかき、一覧表にして、壁やボードなどにはっておくとわかりやすいです。

① 箱の中に物を入れ、ヒントを出すリーダーを1人決める。

② 3人で一緒に「せーの」のコールをする。リーダー以外の2人が同時に箱の中の物を出す。同じ物を出したら、2人とも正解。正解できなかった人は、リーダーになり、交替であそぶ。

3〜5歳児 / 普段のあそび / 異年齢あそび

あそび案／小沢かづと

いろえんぴつランド

色鉛筆のセットがあれば、すぐにできます。色を見て、並べて楽しみます。

準備
・色鉛筆（12色または24色）2セット、布を用意する。

Point
あわててすると見間違えるので、集中しようと意識するうちに、あそびながらじっくりと見る力がついていきます。自分の色鉛筆セットを持参すれば、リーダー1人にチャレンジャーが2〜3人いても楽しくあそべます。4〜5歳児ならリーダー役を交替したり、色鉛筆のしんの部分を布で覆ったりして、あそんでも。

あそび方

① リーダー（保育者）が2セットの色鉛筆を混ぜて、1セット分の本数にし、机の上に出す。
※同じ色を2本入れるなどして、12本、または24本にする。

② チャレンジャーは、リーダーの出すお題に沿って、色鉛筆を並べる。
＜例＞
a =「この中に2つ同じ色の物があります。どれでしょう」→色鉛筆をじっくり眺めて、同じ色の色鉛筆を見つける。
b =「小さい物から順に並べてください」→色鉛筆の長さをよく見て、短い順に並べる。

アレンジ

①同じ色の入った色鉛筆を2セット用意し、1つをチャレンジャーに渡す。リーダーは、「色の順番が同じになるように並べてください」と言って、自分の色鉛筆セット（最初は5〜6本ずつ選ぶ）を自由に並べ替える。
②チャレンジャーは、リーダーと同じように自分の色鉛筆を並べ替える。

9月

4〜5歳児 普段のあそび

あそび案／鈴木翼　犬飼聖二

なになになんのにおい?

いろいろな物のにおいをかいで、なんのにおいか当てっこします。

Point
ゆっくりと落ち着いてにおいをかぐと、香りをより強く感じることができることを伝えましょう。最初は、何のにおいかわかりやすく、よいにおいをかぐことから始めると集中できます。

準備

- 子どもたちにもわかりやすい、香りのする物（サンショウやドクダミの葉、ローリエの葉、キンモクセイの花、石けん、リンゴ、レモン、茶筒、でんぷんのり、カレー粉など）を用意する。
- 小さめの段ボール箱に、直径5〜10㎝くらいの穴を開ける。
  ※箱の大きさは、入れる物の種類や量に合わせて選ぶ。

あそび方

① 保育者が用意したいろいろな物のにおいをみんなでかぐ。

② 保育者が園庭からとってきたいろいろな植物（ヒノキ、ドクダミ、ローリエ、キンモクセイなど）のにおいをかいでから、みんなで園庭に行き、同じ香りがする葉や草花を探す。

アレンジ

箱の中に入れた物のにおいを当てっこします。

① リーダー（最初は保育者）を1人決めて、リーダーが箱の中に、かすかに香りのする物（お菓子の空き箱、オレンジジュースの空きパックなど）を入れる。

② 1人ずつ目を閉じてにおいをかぎ、全員がかぎ終わったら、わかった人が答える。答えられないときは、リーダーが「みんなの大好きなおいしい飲み物です」などとヒントを出す。

あそび案／小沢かづと 犬飼聖二

勇気のつるぎ

つるぎを倒さないように、集中して玉を取ることを楽しむゲームです。

準備

- ラップのしん2本をテープではり合わせ、1本にする（つるぎ）。
- 床に紅白玉を山の形に積み、真ん中につるぎをまっすぐに立てる。
- 紅白玉を取る順番を決める。

あそび方

① 子どもは1人ずつ順番に、つるぎを倒さないように紅白玉を取っていく。1回にとってよいのは2個までとする（白い玉は1個ずつ、赤い玉は2個ずつ取る）。

② つるぎが倒れるまで①を繰り返し、先につるぎを倒した人が負け。審判役は保育者がする。

Point

2人以上なら、何人でもあそべます。人数が多いときは、紅白玉は赤も白も1個ずつ取るというルールにすると、ドキドキ感を共有して楽しめます。5歳児なら審判役を子どもに任せ、子どもたちだけであそんでもいいでしょう。紅白玉がなければ、ブロックなどを使っても。

つるぎ（ラップのしん）
テープ
あっ、少し動いた

9月

あそび案／伊瀬玲奈

トライアングルタワー

そーっと繰り返し積んで、チャレンジする気持ちをはぐくみます。

準備
- 広告紙（A4の半分くらいのサイズ・1人10〜20枚）を細く丸めて、端をセロハンテープではり、棒を作る（1人10〜20本）。

あそび方
① 3〜4人で1チームを作り、棒を積み上げる順番を決める。
② 保育者のスタートの合図で、各チーム1人1本ずつ棒を置いて、積み重ねていく。
③ 積み上げた棒を崩さないように、いちばん高く積み上げたチームの勝ち。

Point
最初は保育者が棒を積んでみせます。子どもたちも実際に積んでみて、こつをつかんでから、始めるといいでしょう。ちょっとふれると積んだ棒が崩れることがあるので、集中力と慎重さが必要です。崩れてしまったときは、繰り返しあそべるように「どの場所に積むと崩れないか、考えてごらん」などと言葉をかけましょう。

 あそび案／鈴木翼

鐘が聞こえたのはだれ？

静かにじっと音を聞くことで、いろいろな物の音に興味をもちます。

準備
・音の出る物（トライアングル、鈴、太鼓、タンバリン、空き缶、おもちゃのラッパ、水を入れたコップなど）を箱に入れ、子どもに見せないようにして用意しておく。

あそび方

① 保育者が「これから音の当てっこをします。目を閉じて、音が鳴った後"はい"と言ったら、目を開けます。何の音かわかったら、手を挙げてね」と子どもたちにルールを伝える。

② 子どもたちが目を閉じたら、保育者は音の出る物を1つ選び、音を鳴らして隠す。

③ 「はい、目を開けて。わかった人？　じゃあ、〇〇ちゃん」と名前を呼び、呼ばれた子が答える。

「黙って音を聞く」のが不慣れな子もいます。邪魔になる声や音を出さないために、目をつむり、集中します。また、声を出すと、ゲームを続けられなくなることを最初に伝えて徹底するといいでしょう。

あそび案／小沢かづと

みみあて

小さな音に耳を傾けて、集中して聞き取るのが楽しいあそびです。

準　備
- 音を出す物(積み木、ブロック、おはじきなど)と、テーブルを1つ用意する。
- 物を置くときのルールを決める（テーブルの上に置く、1度置いた物は動かさない、など）。
- 物を置く順番を決める。

あそび方

① 音を聞く人は、物を置く人の反対側へ行き、テーブルの端に耳を当て、目を閉じる。置く人の方は見ない。

② 物を置く人は、1個ずつ置く（3個までなら何個置いてもよい）。

③ 音を聞く人はそのままの姿勢で、テーブルに置かれた物の数を答える。物を置く役と聞く役を交替して繰り返しあそぶ。

※大きいテーブルなら、数人で一緒に音を聞くようにしても。

Point

2人以上であそびます。最初は置いたときに音や振動がはっきり出る物（積み木など）から始め、だんだん聞き取りにくい小さな物（おはじきなど）にするとやりやすいです。置き方（元気よく、静かに……）も変えると楽しいですよ。3歳児があそぶときは、保育者が一度物を置いてみせてから、一緒に行うとあそびやすいでしょう。

10月の保育とあそびのポイント

2～3歳児ころは

このころになると、2歳児は日常生活での大人のしぐさや行動のまねっこや、見立てあそびを楽しみ始めます。見立てや、なり切りに使いやすい物の準備と、保育者の言葉かけの援助が、あそびの展開に欠かせません。
3歳児は自分のイメージでなり切り、一人でもあそび始めます。何になっているのか、何を楽しんでいるのかなどを保育者が言葉で周りの子どもたちにも説明して、橋渡しをしましょう。よりあそびの輪が広がります。

4～5歳児ころは

「ごっこあそびと現実は違う」ということがわかり、さまざまな体験をもとに、仲間同士でイメージを共有してあそぶことを楽しむ4歳児。あそびの中の役割分担を保育者が実際に演じて見せると、いろいろなごっこあそびがつながり、広がります。
5歳児は、より本物に近く演じたり作ったりすることを好み、うそっこと現実を上手に行き来してあそぶようになります。4～5歳児ともイメージを実現できるよう、継続的にあそべるスペースの確保と使いやすい素材の準備を心がけましょう。

10月

あそび案／鈴木翼

秋こそ忍者

保育者のまねをして、忍者に変身し、秋の自然物を使ってあそびます。

準備
・カラーポリ袋で首と腕を通す部分を切り取った服を人数分作る。
・3～5歳児なら、子どもと一緒に、カラーポリ袋の服にセロハンテープで落ち葉をはる。

導入の仕方

保育者が「わたしは忍者でござる。今日はこれから、みんなで忍者になってあそぶでござる。まねをして、付いて来るのじゃ。では、修行に行くでござる」などと言って、園庭や公園などでいろいろなあそびをする。

あそび方

<葉っぱ隠れの術①>
・壁や木に向かって葉っぱをまいて逃げる。
<葉っぱ隠れの術②>
・落ち葉の服を着て、落ち葉の中に紛れて隠れる（3～5歳児）。
<まきびし※の術>
・どんぐりを1人2～3個ずつ拾い、「まきびし」の代わりにする。忍者になっておにごっこをして、おにが来たら、どんぐりをまいて逃げる。おには、まかれたどんぐりを踏まないように、両足跳びをする。
<木遁(もくとん)の術>
・園庭や公園などで、体がはみ出さない草木を探して、その草木の陰に隠れる。

※まきびし…忍者が用いる道具の一つ。逃げる途中に追手の邪魔をするためにまいたりする。

Point
日常行っているおにごっこやかくれんぼに、「忍者になる」という条件を加えてあそびます。保育者のまねから始めると、子どもたちはイメージしやすく、なり切ってあそびます。どんぐりや葉っぱは、人の顔や体に向かって投げないよう、事前に約束しておきましょう。

アレンジ

何度かあそんだら、日常のあそびの中でも「○○の術！」と言ったら、みんなで忍者になってあそぶことにするなど、クラスみんなで決めておくと、新しい楽しみ方ができます。

4〜5歳児　普段のあそび　あそび案／大竹龍

10月

ザック探検隊
石を宝石や化石に見立て、探したり並べたりすることを楽しみます。

準備
- 園庭に石を置いたり埋めたりする。
- 砂場の端に石で恐竜の頭の形を作って、埋める。
- はけやスコップ、木の枝を用意する。
- 画用紙に園庭の地図をかき、コピーする（1人1枚）。

導入の仕方
保育者が園庭で石を手に取り、「これは大きな宝石だ。ほかにも宝石があるかもしれない。そうだ！宝探しに行こう。ザック探検隊出発！」などと言い、そばにいる子を誘って探す。

あそび方
① 保育者は土を掘ったり、石の回りの砂をはけで払ったりして大事そうに石を取り出し、見つけた場所を保育者の地図にかいて見せる。
② 子どもは石を見つけたら、保育者に見つけた場所を報告し、保育者が子どもの個人用の地図に★印をかき入れる。
③ しばらく探したり掘ったりしたら、保育者は掘り出した石をそれらしく並べ、「これは、トリケラトプスの頭の化石だ。体を探そう」などと言って子どもたちに見せ、一緒に砂場を掘る。

Point
園庭や砂場に石を置いたり並べたりするので、前もってほかのクラスの保育者に知らせておき、安全にあそべるようにしましょう。また、恐竜や化石の図鑑、宝石の写真などを用意したり、「いきなりスコップで掘ると化石に傷がつくから、回りから丁寧に掘ってね」などと伝えたりすると、発掘隊のような特別感が出て、よりイメージが膨らみます。

2〜5歳児　普段のあそび　あそび案／小沢かづと

タオル DE 消防隊

タオルをいろいろな物に見立て、ごっこあそびを展開して楽しみます。

準備
・タオルを1人1枚用意し、消防車のハンドルやホースにする。
・牛乳パックと大型積み木を火や建物に見立て、人形を置いて火災現場を作る。

Point
臨場感あふれる言葉と動きで、保育者がなり切ることが、子どもたちのイメージを広げ、あそびを盛り上げます。子どもの自由な発想や展開を生かしてあそびましょう。

導入の仕方

保育者が「わたしは消防隊長です。火事が起きたので、出動します。隊員は、ついて来てください」と言い、タオルをハンドルのように持ち、「ウーウー」とサイレンのように言いながら動く。

隊員はついてきてください！

タオル

あそび方

① 子どもたちはタオルをハンドルに見立て、消防車に乗って自由に動き回る。

② 保育者が「火事だ！ 消火します！」と言って、タオルをホースのように伸ばして、火を消すまねをしたり、「けが人がいます」と言って、タオルを広げて担架にして人形を運んだりする。

③ 子どもたちは保育者の言葉を聞いて、自分たちも消防隊や救急隊になったり、救急車になったりしてあそぶ。

Point

1日で終わらず、「ウーウー」という声が聞こえたら消防隊あそびを始めるということにしても。また、タオルをほかの物に変えてあそぶ子もいるので、子どものアイディアを取り入れ、あそびを広げましょう。

2〜5歳児　普段のあそび　異年齢あそび　あそび案／小沢かづと

なんでもクレープ屋さん

大好きなクレープを作るのが楽しくて、のびのびと表現します。

準備
- ふろしきより大きいの布を2枚くらい用意し、クレープ生地にする。
- 子ども用エプロン1枚（店員さん用）

導入の仕方

最初は、保育者がクレープを作る様子を楽しく表現し、手順をひと通りやってみせる。クリームやクレープ生地などをおもしろい動きで見せることで、見ているお客さんとのやり取りやふれあいを楽しみ、あそびを盛り上げる。

Point

お客さんから注文されるまで具材が何かわからないのがおもしろいところです。突然、イメージしていた具材にはない物を「ジャムも入れて」などと注文してみましょう。また、4〜5歳児であそぶときは、途中で「メニューを作ってみない？」と投げかけても。子どもたちは、いろいろな具材を考えたり、クレープの名前をつけたりして楽しむので、さらにあそびが広がります。

あそび方

① 最初は、保育者がクレープの生地や具材、クリームになり、表現して見せる。

② お客さん、店員さん、クレープ（生地と具材）に分かれる。お客さんは注文する具材を相談して決める。店員さんはエプロンを身に着け、クレープ生地の子は布を持つ。

③ お客さんは1人ずつ店員さんに注文をする。店員さんは注文を大きな声で具材の子に伝える。

④ 具材の子は集まって、注文された具材を表現する。その周りをクレープ生地の子が布を持って囲み、クレープ作りをする。

⑤ お客さんは、出来上がったクレープを食べる。
※布は具材の子が持つ。

4〜5歳児　普段のあそび

あそび案／小沢かづと　鈴木翼

なんでもピッ！

「ピッ！」として、買い物ごっこや駅ごっこを楽しみます。

準備
- 段ボール板で、カード（縦85mm×横55mmくらい）を作る（ICカードやバーコードリーダーに見立てる）。
- 小さめの段ボール箱の底をガムテープではり留め、レジに見立てる。

導入の仕方
保育者が保育室内のいろいろな物にカードをタッチして、値段を言ってみせる。
「このカードはお買い物ができるカードです。お店の人はこうやって触って、ピッ！　と言ってから値段を言ってね」と言う。

Point
カードをかざしたとき、「ピッ！」と言うことや値段を言うことを楽しむと、お店ごっこに発展しやすいあそびです。ありえない値段がつくのもおもしろく、友達とのやり取りが楽しめます。

はい、ピッ！1000円です
ICカード（段ボール板）
レジ（小さめの段ボール箱）
いくらですか？
ピッ！クマは500万円です
え〜？

あそび方
① テーブルをレジ台、段ボール箱をレジにする。子どもはスーパーマーケットのレジ係とお客さんに分かれ、レジ係はお客さんが持ってきた品物にカードをタッチして、値段を言う。
② 値段を言われたお客さんは、自分のカードをレジにタッチする。お客さんがタッチしたら、レジ係は「ありがとうございました」と言う。
③ 慣れてきたら、役を交替してあそぶ。

アレンジ
カードを使って、駅の改札ごっこをします。
① 改札役の子どもは2人で向かい合っていすに座り、片腕を伸ばす。
② 電車に乗るお客さんは、改札役の人の手の甲にカードをタッチする。「ピッ！」と言って、2人の手が上がったら、通る。ただし、改札役の人が「料金が足りない」「タッチがきちんとできていない」などと判断したら、改札が開かないこともある。

※改札のほかにも、タッチ式の自動扉ということにしても楽しめる。

カードでタッチしてください／改札です／開きました／ピッ！

あそび案／鈴木翼

2〜5歳児 / 普段のあそび / 10月

ひっくり返して ぽん

クリアホルダーをひっくり返して色を変えるゲームあそびです。

準備

- A4サイズのクリアホルダーの中に赤やオレンジなど色付きの紙と白い紙を入れ、クラスの人数分作る。
- クリアホルダーを床にランダムに並べる（色付きの面と白の面にした物を同数ずつ）。
- 子どもを赤と白の2チーム（同人数）に分ける。

Point

ひっくり返しても、相手チームの人に色を変えられてしまうので、夢中になれるあそびです。普段から繰り返しあそび、運動会種目にするなら、1回の制限時間を30秒、20秒、10秒などと変えて3回戦行うと、終了まで勝敗の行方がわからないので、見ている人も楽しめます。

あそび方

① 保育者のスタートの合図で、クリアホルダーを自分のチームの色になるようひっくり返す。
　※クリアホルダーは、時間内なら何枚ひっくり返してもよい。

② 30秒たった時点で、表になっている色の多いチームの勝ち。
　※2〜3歳児であそぶときは、時間を長めにとる。

アレンジ

4〜5歳児があそぶときは時間を倍にして行い、ルールを加えると楽しめます。各チームの中で助っ人「じゃまー」を決め、じゃまーは待機します。ほかの子どもたちはスタートから15秒たったら、10秒間休みます。休みの間は各チームの「じゃまー」（各チーム同人数）が出てきて、相手チームのクリアホルダーを10秒間ひっくり返します。その後、ゲームを再開し、15秒間で終了します。各チームに強力な「じゃまー」がいると、形勢が逆転することもあります。

あそび案／伊瀬玲奈

おむすびころりんすっとんとん

みんなで声をかけながら、おにぎりを転がしてあそびます。

準備
- 赤と黄色の2グループに分かれる。
- 新聞紙でおにぎりを作る（1人1個）。赤グループは赤いテープ、黄色グループは黄色いテープをおにぎりに巻く。
- 保育者が、保育室の床に大中小の丸とスタートラインをビニールテープではる。

あそび方
① 自分で作ったおにぎりを持ち、スタートラインに並ぶ。
② 保育者が「ヨーイ、ドン！」と声をかけたら、みんなで「おむすびころりん　すっとんとん」と声をかけながら一斉におにぎりを転がし、好きな丸の中に入れる。
③ 丸の中に入ったおにぎりが多いグループの勝ち。

Point
リズムのある言葉を言って、おにぎりを転がすことが楽しめるように、保育者が率先して声をかけましょう。みんなで一つのことを目指すので、2歳児もグループ意識をもてます。
4〜5歳児が行うときは、それぞれの丸に点数をつけ、得点を競ってあそんでも。

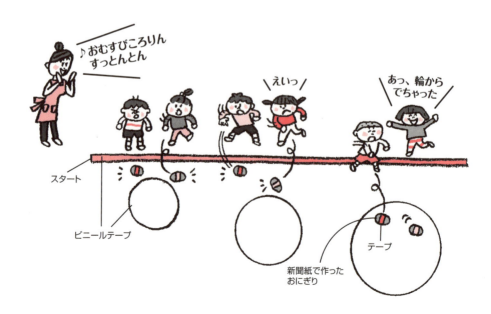

11月の保育とあそびのポイント

2〜3歳児 ころは

絵本や歌の内容を理解し、楽しめるようになってきた2歳児。保育者はリズミカルな言葉や繰り返しの言葉が多い絵本の読み聞かせや、歌やダンスのテンポなどを工夫し、まねをするおもしろさを体験できるようにしましょう。
3歳児は、まねっこあそびから発展して、見立てやつもりあそびを楽しみます。言葉と動きを同時に行う簡単なルールのあるあそびや、何かになり切って、友達と一緒にあそぶことで、子ども同士がルールやイメージを共有し合えるよう、橋渡しをしましょう。

4〜5歳児 ころは

4歳児は、経験を積み重ね、想像の範囲が広がり、うそっこ（虚構）表現を楽しめるようになります。5歳児は想像した事柄を仲間と共有し、協力して作品に具体化したり、リアルに演じたりしてあそびます。
保育者は、イメージやストーリーがさらに広がり深まるような言葉かけをし、あそびに必要な物を予測して準備しましょう。5歳児は自分たちで、あそびの展開を考えることも楽しむので、保育者は1歩退き、自主判断に委ねることも大切にしたいですね。

あそび案／伊瀬玲奈

○○マン

みんなで同じマントを身に着けるので、なり切ってあそびます。

準備
・カラーポリ袋に平ゴムをテープではり、マントを作る（子どもの人数分）。

あそび方
① マントを身に着け、一人一人が好きな物に変身する。
② 自分がなった物に合わせて、「ピューン」「ピョンピョン」などと言いながら動く。
③ 子どもが慣れてきたら、保育者がリードして、あそびを展開する。

Point
マントは、平ゴムに腕を通す形で、安全にあそべます。丈は身長に合わせて調節してください。同じ物を身に着けることで、イメージを共有しやすく、なり切って楽しめます。保育者は一人一人の表現を認めましょう。また、あそびの中で動き回るうちに、イメージが変化することもあるので、「○○マンは飛べるから、飛行機みたいだね」などとイメージが広がる言葉かけをするとあそびが広がり、別なごっこあそびを展開するきっかけになります。

3〜5歳児 / 普段のあそび / 保育参観でのあそび

あそび案／大竹龍　鈴木翼

しりとりでポーズ

保育者のポーズをまねしながらあそび、表現を引き出すしりとりです。

Point
保育者のポーズをまねたり、友達と一緒に同じポーズをしたりといった追体験ができます。こうした体験を重ねていくと、体を動かして表現することが楽しくなり、その子なりの動きをするようになります。なかなか答えられないときは、保育者がヒントを出したり、答えの動物の動きをまねたりして、つなぎましょう。

11月

あそび方

① 輪になってしりとりをしながら、言ったものの動きをまねする。最初は保育者が行い、子どもは保育者の動きをまねする。

② しりとりの続きを答えられる人が手を挙げ、答えながら、ポーズをする（答えがカメなら、カメのまねをする）。周りの子もまねてポーズし、これを繰り返し行う。だれも答えられなかったり、「ん」がつく言葉を言ったりしたら、終了。

アレンジ

5歳児が行うなら、みんなで1つの輪になり、リーダーを決め、リーダーから順番にしりとりをします。答えた人は、ポーズをとります（鳴き声をまねても）。みんなでそれをまねしてから、次の人にバトンタッチします。

3〜5歳児　普段のあそび　あそび案／鈴木翼

ステージごっこであそぼう

あこがれのアイドルやスタッフになって、舞台でコンサートをしてあそびましょう。

準備
- 大型積み木や机などでステージを作る。
  ※カーテンのある場所の前に設置しても。
- CD（アイドルやアニメの曲）とCDプレイヤー、衣装（古いスカートやワイシャツなど）を用意する。
- トイレットペーパーのしんとアルミはくでマイク、モールとアルミはくでヘッドセットマイクを作る。
- 子どもたちがポスターをかく。

＜マイクとヘッドセットマイクの作り方＞

マイク

丸めたアルミはく
トイレットペーパーのしんに色紙をはる

ヘッドセットマイク

アルミはく
セロハンテープを巻く
モールをねじり合わせたもの
セロハンテープではる
自由に曲がるので、耳にかける

導入の仕方

保育者が「これからコンサートをします。まずはやりたいことを決めてから、必要な物を作りましょう。○○をやりたい人！」などと声をかけ、やりたいことごとに分かれて集まります。アイドルグループやアニメヒーローになる子は、グループ名やうたう歌などを決めます。コンサートスタッフをする子には、「会場に入るには切符がいるよね」などと投げかけ、切符やポスター、ヘッドセットなど、必要な物を作ることから楽しみます。

Point
1つの目的に向かって自由にあそぶので、思いついた物をその場で作れるように材料を多めに用意しておきます。「ステージの上に立つのは苦手」という子でも、製作を楽しみ、スタッフとして、生き生きと参加できます。

あそび方

① やりたいことを決める……
子どもの希望を聞いて、やりたいことを決める。

何をやりたいかな？
僕は音楽をかけたい
案内する人！
わたしはアイドルになりたい

② コンサートの準備をする……
歌や踊りの練習、切符やポスター作りをする。CDの使い方を保育者から教わるなど、係ごとにコンサートに向けて、いろいろな準備をする。

音を出すときは、赤いシールのところを押してね
ここを押すんだね
シールをはる

あそび方

③ 衣装や小道具を身に着けて、いよいよコンサート！

ⓐ 全員が受け付けをして、入場係の案内で席に着く。保育者がステージに出る順番と曲を確認する。

ⓑ 会場スタッフの進行係、カーテンを開ける係、アナウンス係と最初の出演者は席を立ち、準備する。そのほかの子どもたちは、お客さんになって、保育者と一緒に手拍子やかけ声の練習をする。

ⓒ アイドルやヒーロー役の子は、順番にカーテンの陰から登場し、歌や踊りを披露する。

※何曲も歌いたがる子がいるので、あらかじめ、ひとりまたは1グループが行うのは、1曲ずつと決めておく。そして、曲が終わったら、「ありがとうございました」と保育者が声をかけて、きっぱりと区切るようにする。

4～5歳児　普段のあそび　集まり　保育参観でのあそび　あそび案／小沢かづと

どこから見ても

親しみのある歌をうたいながら、友達と一緒に考えて表現します。

Point

友達の表現を見ることでよりイメージが広がるので、繰り返し、継続してあそぶ中で、互いのイメージを共有しやすいあそびです。また、一緒に考えて動くことで、表現する楽しさも味わえます。集まりの時間などに、グループごとに互いの表現を見せ合う場を設けても楽しめるでしょう。

あそび方

① 保育者が2人で歌をうたい、表現してみせる。
② 保育者のまねをして、みんなで歌をうたい、そばにいる人と2人1組になって、めがねになる。

♪どこから見ても　　　作詞／小沢かづと
※『きらきら星』のメロディーで
♪ふたり　ふたり　ふたりで　めがね
♪めがね　めがね　めがね　めがね
♪どこからみても　わたしは　めがね

③ もう一度みんなで歌をうたい、今度は好きな人数で、自由にめがねを表現する。

腕をくっつけてね／こう？

♪どこからみても　わたしはめがね

♪よにんでめがね　せーの、めがね！

アレンジ1

同じあそび方で、歌詞や人数、表現を変えて、繰り返しあそびます。
「♪さんにん　さんにん　さんにんで　おはな　おはな　おはな　おはな～」

♪おはな

アレンジ2

5歳児なら、同じあそび方で、保育者が歌った後、自分たちで表現するものを決めます。
「♪よにん　よにん　よにんで　さあなあに？」
※そばにいる人と4人1組になって、自由に表現する。

さあなあに？／♪よにんでミノムシ

5歳児 / 普段のあそび / あそび案／大竹龍

サイレントミッションゲーム

黙って行動するのが子どもたちには難しい!? あそびです。

11月

準備
- 保育者がミッション（お題）を紙に書き、用意する。
  <ミッションの例>
  ・○○せんせいをくすぐってきてください。
  ・へやをひとまわりしてきてください。
  ・カーテンをしめて、ねてください。

Point
あそびの前に、子どもたちには小声でお題を伝えること、黙ってミッションを実行するルールを守るように伝えましょう。子どもたちにとっては、黙って行動することが意外に難しいので、失格になるチームも出てきます。動きの多いあそびから、徐々にクールダウンしていきたいときに行うあそびとして、お勧めです。

あそび方
① 子どもたちは同人数のチームに分かれ、リーダーを1人決める。リーダーは保育者の所へミッションが書かれた紙を見に行く。ほかの子は1列に並んで待つ。

② リーダーはお題を覚え、列のいちばん前の子に耳元で小さい声で素早く伝える。順番にミッションを伝言し、最後の子がミッションどおりに行動をする。ただし、すべて黙って行い、声を出すと失格というルールにする。列の最後の子が早くミッションどおりに行動できたチームの勝ち。

ミッションを書いた紙

2〜4歳児 / 普段のあそび / 異年齢あそび

あそび案／小沢かづと

大きくなったワ

大きくなったことを、みんなでお祝いしながらあそべます。

準備
・直径約70cmくらいのフープを1つ用意する。
・リーダーを1人決める。

あそび方

① リーダー以外は内側を向き、円になって座り、『♪おおきくなりました』を歌う。

♪おおきくなりました　　作詞／小沢かづと
※「幸せなら手をたたこう」のメロディーで
　おおきくなりました（パンパン）
　おおきくなりました（パンパン）
　できるようになったことが
　またひとつふえました（パンパン）
※「パンパン」のところは、拍手を2回する。

② リーダーはフープを持って、円の外側を歩く。

③ 歌が終わったとき、リーダーは目の前にいる子に、「大きくなったワ」と言ってフープをかける。

④ フープをかけられた子は、フープを持ってその場で立ち、「僕(わたし)、大きくなりました」と言う。ほかの子は、「おめでとう」と言いながら拍手をする。

⑤ ④でフープをかけられた子は、次のリーダーになる。前リーダーは、フープをかけた子の場所に座り、①から繰り返してあそぶ。

Point

自分の成長をあらためて意識でき、友達からお祝いの拍手をもらうことがうれしいあそびです。人数が多いときは、2〜3グループに分かれて行うとよいでしょう。また、フープをかけられた子が、将来の夢や好きな食べ物などを話すことにしても、楽しめます。1年の締めくくりや年度末のあそびとしてあそんでも。

3〜5歳児 / 普段のあそび / 保育参観でのあそび
あそび案／小沢かづと

結んでほどいて

手指を動かすことを楽しむうちに、あそびの中でひも結びが覚えられます。

11月

🍎 Point

ひもの扱いに慣れていない子や、苦手な子もいるので、最初に保育者が綿ロープのほどき方や結び方を見せ、みんなで結んだりほどいたりしてから、あそび始めるといいでしょう。あそび方2やアレンジは、保育参観（参加）で行う親子あそびとしてもアレンジできます。また、何人かで1組になって綿ロープをほどくなど、友達と行うゲームにしても楽しめます。

準備
- 保育者が綿ロープをいろいろな長さに切る。
  ※それぞれの長さを、子どもの人数分用意する。

あそび方1 （3歳児向き）

① 保育者が1回結び（固結び）の見本を見せる。
② 保育者のまねをして、みんなで綿ロープを結ぶ。結んだロープは、保育室の真ん中あたりにまとめて置く。
③ 保育者の「スタート！」の声で、結んだ綿ロープをみんなで全部ほどく。

あそび方2 （4〜5歳児向き）

① 2グループに分かれる。1人1本綿ロープを持つ。
② グループで協力して、保育者が指示した個数の結び目をロープに作る。

　＜例＞
　「こぶを3つ作ってね」
　→1本のロープに3つの結び目を作る。

③ 結んだ綿ロープは、まとめて相手グループと交換する。それぞれ受け取ったロープの結び目をほどく。早くほどき終わったグループの勝ち。

アレンジ

5歳児だけであそびます。
① 子どもたちは2グループに分かれる。グループごとに色を決める。
② 2色の綿ロープを同数ずつ用意して、ランダムに混ぜ、1か所に集めておく。
③ 保育者のスタートの合図で、自分のグループの色の綿ロープを探し、ロープ1本につき1回結ぶ。
④ 保育者のストップの合図で、今度は、相手グループの結んだ綿ロープをほどく。先に全部ほどけたグループの勝ち。

4～5歳児 / 普段のあそび / あそび案／小沢かづと

どこであいました？

唱え言葉をとなえながら、好きな動物になってあそびます。

Point
みんなで唱え言葉を唱えながら動くので、ちょっと照れ屋の子も動きやすくなります。表現が楽しめる4～5歳児ならではのやり取りの中で、かかわりが広がります。保育者は楽しく唱え言葉でリードし、その子どもなりの表現を認め、子ども同士のやり取りを見守りましょう。

あそび方

① 保育者がリーダーになり、次のような唱え言葉を唱え、みんなも続いて唱える。
「♪どーこであいました（どーこであいました）どーこであいました（どーこであいました）どうぶつえんであいました（どうぶつえんであいました）どうぶつえんであいました（どうぶつえんであいました）」。

② 子どもたちは、①の言葉を唱えている間にパートナーを探す。パートナーは何人でもよい。

③ パートナーと向かい合い、自分なりのイメージで好きな動物になってポーズをとる。
＜例＞
A君→「ゾウです。よろしくね」
……鼻を動かす。
Bちゃん→「ウサギです。よろしくね」
……ジャンプする。

④ 全員の自己紹介が終わったら、集まったパートナーみんなで、動物になり切り、「♪いっしょにいっしょにあそびましょう いっしょにいっしょにあそびましょう」と唱えながら、パートナーと向かい合って、その場でひと回りする。

⑤ 「♪ありがとう ありがとう」と言ってお辞儀をしたら、一度終了。リーダーがまた唱えはじめたら、新しいパートナーを探して、①～④を繰り返す。リーダーが「♪これでおしまい」と言ったら、あそびは終了。

12月の保育とあそびのポイント

2〜3歳児 ころは

2歳児は、手指を使うことを楽しみ始めます。発達の著しいこの時期に、物を使ったいろいろなあそびにチャレンジして、「できた！」という思いや達成感を大切に積み上げていきましょう。

3歳児は、友達とおにごっこやボールあそびなど、簡単なルールのあるあそびに喜んで取り組んでいます。友達とグループやチームになってあそび、協力し合う楽しさをたくさん経験できるようにしましょう。

4〜5歳児 ころは

4歳児は、遊具や用具を使い、友達と一緒に全身を動かすことや、表現することを楽しんでいます。クラスの物や場にも目が向き、愛着をもつようになってくるので、その芽を大切に育てていきましょう。

5歳児は、自分の目標をもって試したり、挑戦したりすることから、友達と一緒に挑戦することも楽しむようになります。友達と気持ちを共有して同じ目的を達成し、かかわりを深めながらあそべるようにしましょう。

2〜5歳児 　普段のあそび　　あそび案／鈴木翼

はさんでどんどん
体にいろいろな物を挟むことがおもしろいゲームです。

準備
- 体に挟む物（ボール大・小、紙しん、新聞紙、ブロック、カラー帽子、タオル、お手玉、ハンカチなど）を用意する。
- 2グループに分かれる。
- 各グループから1人ずつ出て、じゃんけんで先に挟むグループと挟む物を選ぶグループを決める。
- グループ内で、物を挟む順番を決める。

あそび方

① 挟む物を選ぶグループは、全員で保育室の中から挟む物を集める。挟むグループは、3人が横1列に並んで立つ。
※挟むグループのほかの人は、後ろで座って待つ。

② 保育者のスタートの合図で、物を選ぶグループは集めた物を、挟むグループの人の体にできるだけたくさん挟ませる。挟むグループは、挟んだ物を落としたら、すぐに後ろに座っている人と交替する。
※時間を決めて行い、挟む役は、物を落としていなくても、時間がきたら座っている人と交替する。

③ 保育者のストップの合図で終了。終了した時点で挟んでいた物の数をかぞえ、挟む役を交替する。両グループが終わったら挟めた物の数を比べ、多いグループを勝ちとする。

Point
全員が挟めるよう、何度か役を交替してあそびます。挟む物は何を持ってきてもいいですが、はさみやセロハンテープカッターなど危険な物は、あらかじめ危ないことを伝え、使わないように約束しておきましょう。あそび込むうちに、作戦を練る楽しさにも気づけるように言葉をかけましょう。

 あそび案／犬飼聖二

ものしりとり
頭で考える言葉探しを、実際の物を見ることで、わかりやすくしました。

あそび方

① 保育者が1つの物を選んでふれ、その物の名前を言う。語尾に続けて、しりとりをする。

② 語尾に続く物がわかった人は手を挙げて、その物にふれて答える。これを繰り返して、しりとりを続ける。

③ 行き詰まったらみんなで考えたり、保育者がヒントを出したり、保育室を出て、園内を歩いて探したりして続ける。

＜例＞
バケツ→積み木→黄色→ロッカー→壁→ベスト

Point
しりとりは続けることがおもしろいもの。なかなか答えられないときは、保育者が園内にある物を思い浮かべられるように、さりげなくヒントを出したり、答えたりしてつなげましょう。物だけでなく、クラスの友達の名前を使ってもいいことにするなど、ルールをアレンジしても。

4〜5歳児　普段のあそび　あそび案／小沢かづと

ころりん

特別なルールで、いつもとは違った滑り台の使い方をしてあそびます。

準備
・子どもは1グループ3〜4人くらいで、2グループに分かれる。
・カラーボールまたは鈴入りのボールを3個くらい用意する。

あそび方

Point

普段は、滑り台に物を持ち込むのは危険ですが、特別なルールであそびます。ルールが理解できる4〜5歳児ならではのあそびです。1グループが3〜4人だと音を聞き取りやすいので、人数が多いときは、各グループで転がす役を1〜2人決めます。転がす勢いが強すぎると、うまく転がらないことや、下にいる友達に当たってしまうことも伝えましょう。

① 各グループから1人ずつ出て、先にボールを転がすグループを、じゃんけんで決める。転がすグループは、ボールを転がす順番も決めておく。

② 先に転がすグループは、1人ずつ滑り台に上がる（ボールは保育者が転がす子に手渡す）。音を聞くグループは滑り台の裏側に立ったり、下で滑り台を背にして座り、目をつむったりする。

③ 保育者のスタートの合図で、1人がボールを転がす。ボールは1回に3個までなら、好きな数だけ転がしてもよいことにする。

④ 音を聞くグループは、ボールが転がる音を聞き、グループで相談してボールがいくつ転がったかを当てる。グループの中で転がす役を交替してあそぶ。3人なら3回戦行い、当たった回数が多いグループの勝ち。

あそび案／鈴木翼

もちつきぺったん

お手玉をおもちに見立ててあそびます。上手におもちをつけるかな。

準備　・お手玉2個。

Point
おもちをつく動きと、握る⇔取るという違う動きを左右の手で行うところがおもしろいあそび。最初はさっと握ることがうまくできなくても、繰り返しあそぶうちに素早く動けるようになるので、夢中になります。

あそび方

① 2人で向かい合って座り、お互いのてのひらの上に、リーダー（保育者）が、おもちに見立てたお手玉を置く。

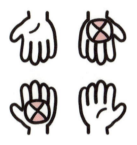

② リーダーが「ぺったん、ぺったん……」と言っている間は、お互いに相手のおもちをつく。

③ リーダーが「パクッ」と言ったら、自分のお手玉を取られないように握りながら、相手のお手玉を素早く取る。

4〜5歳児　普段のあそび　あそび案／小沢かづと

ぶんぶんごまリレー

ぐるぐるねじって引っ張るだけで回せるので、作ってあそんでみましょう。

準備
- 保育者が目打ちで方眼紙に穴を開ける。
- 子どもと一緒に方眼紙に色を塗ったり、たこ糸を通したりして、ぶんぶんごまを作る。

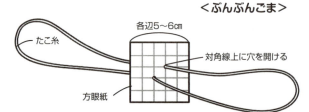

＜ぶんぶんごま＞

Point
最初に、ぶんぶんごまを1人ずつ回してあそんでみましょう。その後、各チームに分かれてタイムを計り、早くゴールすることを目指すと、継続して楽しめます。リレーにすることで、チームの友達と協力してあそべます。

あそび方

① 2チームに分かれ、リレーにしてあそぶ。保育者のスタートの合図で、各チームが1人ずつ、ぶんぶんごまを回しながらコースを往復し、次の子へバトンタッチする。
※こまは走っている途中で回転が止まらないようにする。タッチ（手渡し）するときは止まっていてもOKとする。

② 途中で回転が止まってしまったら、スタート地点に戻り、再スタートする。早くゴールしたチームの勝ち。

3〜5歳児　普段のあそび　保育参観でのあそび　あそび案／犬飼聖二

フ〜ラミンゴおに

ルールを楽しめるようになってきたら、あそびたいおにごっこです。

12月

あそび方

おにを1人決め、いくつかのルールを決めて行います。

ルール①
おには、走って逃げている子や両足を地面についている子は、いつでも捕まえられるが、フラミンゴのポーズをしている子は、捕まえられない。

※フラミンゴのポーズは、おにの指示がなくても、いつでも行ってよいことにする。

Point

何回かあそぶうちに、フラミンゴのポーズで、おにに捕まらないようにしたり、逆におにがフラミンゴのポーズをする子の前で、両足が地面につく瞬間を待ったりする姿も見られます。自分で作戦を考えてあそべるゲームなので、継続して楽しみましょう。

ルール②
おにが「フラミンゴ！」と言ったら、必ず全員がフラミンゴのポーズをする。このとき、声に出して「1、2……10、GO！」と全員で唱えた後、ポーズを解除すると、逃げることができる。

※自主的にフラミンゴのポーズをしたときは、好きなときに解除できる。

ルール③
おにに捕まった子が、次のおになる。

あそび案／小沢かづと

ひっぱりだこ

机の上に置いたティッシュのこよりを、素早く奪い合うゲームです。

準備
- ティッシュペーパーをねじって、太いこより状にした物を、2人に1つ用意し、机の真ん中に置く。
- 審判を1人決める。

Point

「たこたこ……」と言いながら指を動かしている姿がユーモラスなあそびで、友達があそんでいると、自然と仲間に入りたくなります。審判役は、保育者が最初にやって見せると、すぐにできます。勝ち負けが目で見えるので、勝敗に納得してあそべます。4歳児は何回かあそんだら、2チームに分かれてペアで何回戦か行う形式にし、2つのティッシュを4人で取り合うと、さらに迫力があるあそびが楽しめます。

あそび方

① 机を挟んで、2人ずつ向き合って立つ。審判はすぐ横に立つ。2人は「たこたこたこたこ……」と言いながら、片手の指をたこの足のように前後に動かす。

② 審判が「ほいっ」と言ったら、①で動かしていた方の手で、ティッシュを取り合う。先に取った方が勝ち。ティッシュがちぎれたら、手の中に多く残っている人を勝ちとする。

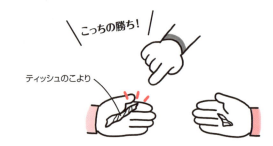

1月の保育とあそびのポイント

2〜3歳児 ころは

1月は、お正月の雰囲気を感じられるような簡単なルールのあるあそびを取り入れ、異年齢で楽しんでみるのもいいですね。ルールがわかると、楽しめる2〜3歳児には、まずルールをわかりやすく伝えることを大切にしましょう。口頭で伝えるより、実際に保育者と子どもであそんで見せるとわかりやすいようです。3歳児なら、「こんなときはどうする？」とルールの内容を子どもに質問して、考えられるような時間をもつといいでしょう。

4〜5歳児 ころは

4〜5歳児になると、ルールのあるおもしろさがわかるようになるので、ルールをめぐってトラブルになることがあります。保育者は仲立ちをしながら、譲歩し合ったり、新しいルールを決めたりできるように援助していきましょう。あそびの中で繰り返されるこうした経験は、友達同士のきずなを深め、やがてクラスのつながりを作っていく大切な積み重ねの一つになります。お正月なので、現代風にアレンジした伝承あそびなども取り入れて楽しみましょう。

あそび案／大竹龍

動物すごろく
鳴き声や動作を取り入れて、さらにおもしろくしたすごろくあそびです。

準備
- コピー用紙か厚紙に動物の絵をコピーして、動物のカードを作る。
- 牛乳パック1000ml 2本で、1〜3までの数を2つずつ入れたさいころを作る（2個）。
  ※目の数は丸シールをはる。
- 動物のカードとフープをすごろくのますにして、部屋に並べる。

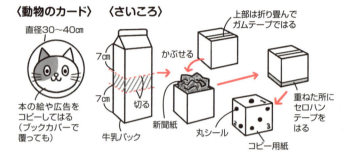

あそび方

① 2人ずつスタートラインに立って、順番にさいころを投げ、出た目の数だけ進む。

② 止まったますの上で、ますにかかれた動物の鳴き声をまねする。これを繰り返し、ゴールまで進む。
※慣れてきたら、人数を増やしてあそぶ。

アレンジ

4〜5歳児があそぶときは、鳴きまねに加え、止まったますで、その動物の動きをまねします。

Point
2〜3歳児は、口頭でやり方を伝えるより、保育者が子どもと一緒に行いながら、見せるようにします。また、順番を待っている子どもたちは、ますの近くへ移動して、鳴きまねを聞いたり、応援したりすると飽きないでしょう。

あそび案／小沢かづと

福引きで大当たり！

当たるとうれしい福引き。引っ張ってドキドキ感を楽しみましょう。

準備

・保育者が紙しんかモノ（井形）ブロックに、人数分のすずらんテープを通して、先の方にブロックや紙しんの穴より大きいおもちゃを結び付け、福引きを作る。

※10人以上で行うときは、福引きを2～3セット作る。

Point

引っ張るだけなので、簡単に楽しめます。どのすずらんテープが当たりなのか、考えながら自分で選ぶので、ワクワクします。当たりを引いたとき、「大当たり！」とみんなから声をかけられ、拍手してもらうのがうれしくて、繰り返しあそべます。

1月

あそび方

① 1人1本、すずらんテープを選んで握る。

② 保育者の「スタート！」の合図で、一斉に、すずらんテープを引く。

③ 当たりを引いた子には、みんなで「大当たり！」と言って、拍手をする。

アレンジ

4～5歳児があそぶときは、リレーのようにします。

① 2チームに分かれて、向かい合って横1列に並んで座る。

② 真ん中に福引きを置き、先頭の子から順に、福引きの所まで走り、すずらんテープを引く。

③ 一度引いたら、列の後ろに回り、2番目の子が引きに行く。これを繰り返し、先に当たりを引いたチームの勝ち。

あそび案／鈴木翼

お手玉のっけてお年玉

わらべうたに合わせて、おそるおそる動くのが楽しいあそびです。

準備　・お手玉1人1つ。

Point

導入として、全員が頭にお手玉を載せて、「あけましておめでとう」と言って頭を下げ、お手玉を落としてからあそびに入ると、楽しく進められます。3歳児が行うときは、ゆっくりと歌い、最初はしゃがまずに、「ひざを少し曲げる」というルールにするとあそびやすいでしょう。

あそび方

① 2～3人が前に出て、頭にお手玉を載せる。

♪あんたがた どこ

② みんなで、わらべうた『あんたがたどこさ』を歌う。お手玉を載せた子は、落とさないようにしながら、歌に合わせて体でリズムをとり、歌詞の「さ」のところでは、しゃがむ。歌の最後まで、お手玉を落とさなかった子の勝ち。

♪さ

3〜4歳児　普段のあそび　あそび案／小沢かづと

モノかるた

クラスにある物や友達の好きな物を、かるたに見立ててあそびます。

準　備
・クラスにあるおもちゃなどを、床に広げて並べておく。

あそび方

① 読み手（保育者）が、取る物を指示する。「男の子がよくあそんでいる（手拍子2回）ブロック」。

② 子どもたちは、指示された物を探して、取る。これを繰り返し行い、いちばん多く取れた子の勝ちとする。

※慣れてきたら、物を取った子が次の読み手になって、物を1つ選んで、指示をする。

Point

クラスの友達の好きな物がわかってきたこの時期だからこそ、できるかるたです。仲の良い子ほど有利!?　チーム戦にし、友達と一緒に読み手の言葉を考えることにすると、おもしろさがアップします。

1月

3〜5歳児　普段のあそび　あそび案／大竹龍

おみくじごま

こま回しに、おみくじの楽しさをプラスしたあそびです。

Point
こまを回すだけでも十分に楽しいあそびですが、おみくじになっているので、みんな大吉を出したくて、継続してあそびます。3歳児があそぶときは、ステージを机にして手回しのこまで行うと楽しめます。

準備
・保育者がこま回しのステージ（赤、黄、青のカラーテープをはる）とポイントカード（フェルトペンでかいた表を画用紙にコピーする）を作っておく。

〈こまステージ〉
- 小吉・黄色のテープ
- 中吉・赤のテープ
- 大吉・青のテープ
- 枠の外は、やり直し

〈ポイントカード〉
- リボン
- テープで留める
- 画用紙にコピーする
- 丸シール

あそび方

① 2〜3人ずつこまステージの周りでこまを回す。こまが止まった場所のテープの色が、おみくじの運勢になる。

「それ！」「がんばれー」「どこで止まるかなー」

② あそびの最後に、「今日最後のこま回し」として、「止まった所に合わせて、その色のシールをポイントカードにはる」というルールであそぶ。

「やったー！シール1枚」「わたしも大吉」　丸シール

あそび案／鈴木翼

なんでもごま

「どんな物がよく回るのかな？」という子どものつぶやきから生まれたあそびです。

あそび方

保育室にあるいろいろな「回せる物」を探して、みんなで回してみる。各々よく回る物を見つけたら、だれがいちばん長く回せるか、トーナメント制の大会にしてあそぶ。

Point

こま回しをすると、どんな物が回るかを気にし出す5歳児。そんな姿をとらえたあそびです。いろいろな物を試せるようにしましょう。こまが上手に回せない子も楽しめるので、大会の優勝者は、こまが得意ではない子がなれることも。

1月

4～5歳児　普段のあそび　あそび案／小沢かづと

あんこもち
正月休み明けに、クラスみんなであそぶとなごやかな雰囲気になります。

あそび方

> あんこもち あんこもち もっちもち　きなこもち きなこもち もっちもち

① おしくらまんじゅうをする。

 Point

おしくらまんじゅうをしながら、クラスの友達といっぱいふれあえるあそびです。保育者や友達にくすぐられるのを待つ楽しみもあり、室内で少し体を動かしたいときに、いい運動になります。

> みたらしだんごも ぺったんこ

② ペタッとうつぶせに寝る。

③ 「どのおもちを食べようかな」と保育者が言いながら、1人子どもをくすぐって食べるまねをする。保育者に食べられた子は、保育者と一緒に食べる側になる。

※座ったまま、2～3人で向き合って押し合い、「もっちもち」で両手を合わせ、「ぺったんこ」で強く押し合い、倒したりしても楽しめる。

2月の保育とあそびのポイント

2~3歳児ころは

このころになると2歳児は、逃げたり、保育者と一緒ならおにごっこのおにもやってみたり、簡単なルールのあるあそびを楽しみます。あそびの中でできたこともみんなの前で褒め、一人一人の意欲を高めていきたいですね。

3歳児の中には寒さを嫌がり、室内にこもる子もいます。掛け声や唱え言葉などが含まれ、元気が出る集団ゲームなどに誘い、みんなと一緒に体を動かすうれしさを体験できるようにしましょう。

4~5歳児ころは

友達関係が深まり、クラスのつながりが強まる2月ころ。この時期にルールを共有しながらあそび、勝ち負けのおもしろさを理解していく経験がたくさんできるといいですね。

4歳児は、みんなが納得するルールで行い、一体感を楽しめるようにします。保育者は審判役、時には仲裁役になり、あそびが継続するよう、言葉をかけましょう。

5歳児は、こまや竹馬など努力の積み重ねが大きな達成感を生むあそびや、仲間と行う高おになどを好みます。できないことにチャレンジする姿や友達と助け合う姿をじっくり見守りましょう。

3〜5歳児　普段のあそび　あそび案／伊瀬玲奈

雪だるまおに

寒い時期に、室内に雪だるまを作って楽しむおにごっこです。

準備
・ビニールテープで雪だるまのような形を作る。その中に小さな円を5つくらい作る。

あそび方

① 雪だるま（おに）になった子は、帽子をかぶる。雪だるまは、小さな円の中と大小の円の外側を移動する。雪だるま以外は、大小の円の内側を雪だるまにタッチされないように逃げる。

② 雪だるまに捕まって、「雪だるまになあれ」と言われたら、雪だるまの仲間（おに）になる。

③ 全員が雪だるまに捕まったら、終了。

Point
おにに捕まっても楽しくあそび続けられます。最初は保育者が雪だるま（おに）になると、ルールがわかりやすいでしょう。雪だるまと逃げる子の動ける場所を限定したので、少し狭い場所でもできます。おにが複数になったら手をつなぎ、手を伸ばして捕まえることにしても楽しいですよ。

あそび案／鈴木翼

おなかおに

少しルールの多いおにごっこ。子どもたちでルールを作ってあそんでも。

準備
- おなかおにを1人決める（おにには帽子の色を替え、わかりやすくする）。
- 保育者が審判になる。
- 逃げていい範囲を決める。

あそび方

① おなかおには、逃げる子を追いかけて、おなかに優しくタッチする。

② 逃げる子は、おなかにタッチされそうになったら、壁におなかをくっつけたり、友達とおなかをくっつけ合ったりするとタッチされない。ただし、以下のような場合は、審判の判断で例外になる。
　＜例＞
　a＝おなかが壁や友達のおなかにぴったりとくっついていない。
　b＝壁にずっとくっついていて、逃げない。
　c＝おなかをずっとくっつけ合っていて、逃げない。

b、cの場合は、おにはそばに行って、「1、2、3、ダー！」と言う。言われた人は、すぐに壁から離れたり、おなかを離したりして逃げなければならない。

③ おなかにタッチされたら、タッチされた子は、帽子の色を替え、おにの仲間になる。

アレンジ

おなかを背中に替えて、背中にタッチしてあそぶ「背中おに」にしても。また、どちらもあそび込んだら、おなかおにと背中おにを1人ずつ決めて、おなかも背中も守らなければならないルールにするなど、ルールを増やすとより楽しめます。

Point
ルールをうまく利用すれば逃げられるので、ルールの穴に気づけるように、うまく逃げている子を認める言葉をかけましょう。5歳児は慣れてきたら、審判役を子どもに任せてあそびましょう。あそびの中で、自分たちで話し合い、新しいルールを作ってあそびを展開していくことにつながります。

あそび案／鈴木翼

サメカメアメ

友達と協力して動きながら、イメージの共有を楽しめるおにごっこです。

準備
・約5m離して、安全地帯を2つ作っておく。
・おにを1人決める。

あそび方

おにに捕まらないように、安全地帯を行ったり来たりする。いくつかルールを決めて行う。

Point
勝ち負けではなく、おにを増やさないように、うまく逃げるための協力が必要になるゲームです。異年齢で行うと、5歳児のリードが光ります。

ルール①
おには真ん中にいて、指示を出す。
「サメだ！」→おに以外は、安全地帯に逃げる。
「カメだ！」→おに以外は、近くにいる子の背中にくっつき、ペアになって、カメになる。
「アメだ！」→おに以外は、その場で近くにいる子と3人組になり、しゃがんだり、傘を作ったりする。

背中にくっつく　　傘を作って雨宿り

ルール②
以下の場合、おにの仲間になる。
「サメだ！」→安全地帯に逃げ込まないうちにおにに捕まったとき。
「カメだ！」→カメになる相手が見つからないときや、2人以外の人数でカメになっていたとき。
「アメだ！」→3人組になれなかったり、安全地帯に逃げ込んだりしていたとき。

ルール③
おにに捕まった子は、すべておにの仲間になり、繰り返しあそぶ。指示は最初におにをした子が出す。全員がおにになったら終了。

あそび案／小沢かづと

どっちかな
予想力と瞬発力で、玉をゲットするあそびです。

Point
どっちの手に入っているのかを当てるだけでなく、タイミングを合わせて、玉を受け取ることがこつです。「玉が入っている手の予想が外れても、受け取ることができれば勝てる」ことを伝え、予想することとキャッチすることの両方を楽しめるようにしましょう。

準　備
・ティッシュペーパーを丸めて玉を作る（2人に1個）。

あそび方

① 2人1組になり、玉を落とす側（先攻）と玉を受け取る側（後攻）をじゃんけんで決める。
② 先攻の子は、後ろ手でどちらかの手に玉を入れ、両手とも握って、受け取る子の前に出す。
③ 後攻の子は、玉が入っていると思う方の手の下に座る。

④ 先攻の子は「どっちかな？」と言いながら手を開いて、玉を落とす。後攻の子は、キャッチする。このとき、左右を読み違えていても、キャッチできれば、後攻の子の勝ちになる。逆に、左右が合っていても、キャッチできなければ、負けになる。1回ずつ先攻と後攻を交代してあそぶ。

※キャッチに慣れてきたら、落とす玉の数を増やしたり、落とす玉を木の葉や木の実に替えたりしてあそぶ。

3〜5歳児　普段のあそび　保育参観でのあそび　あそび案／鈴木翼

あ・うんのストロー
言葉を交わさなくても、人に思いを伝えられることが実感できます。

準備
・曲がるストローとモールまたは輪ゴムを人数分用意する。
※モールを使う場合は、いろいろな大きさの輪を作っておく。

Point
どちらのあそびも友達と息を合わせて、協力し、集中することが必要です。友達がやりやすいように合図を送ったり、動いたりするとよいということに気づけるよう、声をかけましょう。グループの友達と思いが一つになると、みんなで達成感を味わえます。

あそび方1（3〜5歳児向き）

① 2グループに分かれ、それぞれ横1列に座って並び、ストローの先を曲げて持つ。いちばん端の子は、輪にしたモールか輪ゴムをストローの先に掛ける。
② 保育者のスタートの合図で、モールか輪ゴムを落とさないように、隣の子に回す。
③ 列の最後の人まで早く回せたグループの勝ち。

モールの輪（輪ゴム）

あそび方2 （4〜5歳児向き）

① 4〜5人ずつのグループに分かれ、それぞれ輪になる。全員がストローを持ったら、図のように各グループで1本の輪にしたモール（輪ゴム）を掛ける。

② 保育者が「1人。いっせーの、せ」と言ったら、輪から1人抜け、「2人」だったら、2人抜ける。だれが抜けるかは、目や表情で合図を送る。最後の1人までモール（輪ゴム）を落とさなかったグループの勝ち。

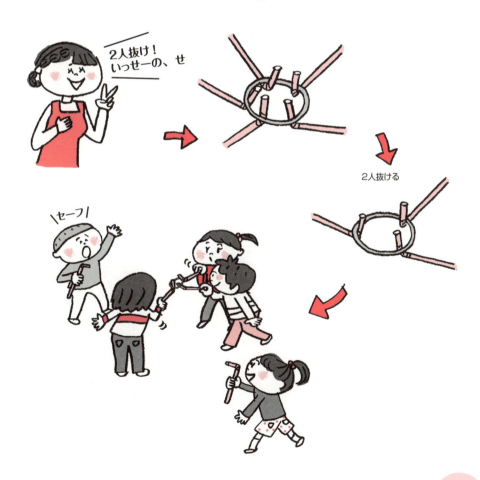

4〜5歳児 普段のあそび 保育参観でのあそび　あそび案／小沢かづと

お茶の間スタジアム

負けると不安⁉　チームの人数がだんだん減っていくゲームです。

Point
少し複雑なルールなので、最初に保育者がルールをしっかりと伝えましょう。リーダーは、最初は保育者が行いますが、慣れてきたら子どもが行い、ゲームの中で「はい！」と言うタイミングを計る楽しさも味わえるようにします。

準備
- 2チーム（紅白）に分かれ、両チームの真ん中にかごを1つ置き、各チームに1個ずつ、膨らませた風船を渡す。
- 最初にリーダー1人と、何回戦行うかを決める。

あそび方

① チームは10人ずつで2チームに分かれ、向き合って正座する。リーダーの「スタート！」の合図で、みんなで歌（『アルプス一万尺』など）を歌いながら、茶道の茶わんを渡すように、隣に風船を回していく。

② リーダーが歌の途中で「はい！」と言って、手を1回打ったら、風船を持っている子が、急いでかごまで走り、かごの中に風船を入れる。このとき、先に風船を入れたチームの勝ち。

※風船が1度かごに入っても、弾んで出てしまった場合は、風船がかごの中に残っているチームの勝ちとする。

③ 負けたチームで風船を持っていた子は、相手チームに移動する。これを繰り返し行い、最終回後にチームの人数が多い方の勝ちとする。

※人数が多いときは風船の数を増やしても。

※負けて赤チームに入ったら、帽子を赤に変える。

アレンジ

回す物をボールにして、立って足の間を通すというルールにして行うことにしても楽しいでしょう。

4〜5歳児 / 普段のあそび / 保育参観でのあそび / 異年齢あそび

あそび案／小沢かづと

ラン・ジャン・ラン

戸外でも室内でも楽しめ、ルールがわかりやすいじゃんけんゲームです。

Point
体を動かしながら、友達とチームになってあそぶので、子ども同士が自然につながれます。わかりやすいルールなので、繰り返し楽しんだら、アレンジしてあそびましょう。異年齢混合のチーム対抗にすれば、3歳児もあそべます。

準備
- どちらのチームか一目でわかるよう、紅白帽をかぶる。
- 園庭やホールなどの広いスペースに、ライン（白線、ビニールテープなど）を3本引く。

あそび方
① 同人数で、赤白2チームに分かれる。各チームのスタートラインに全員が立つ。

② 保育者の合図で、真ん中のじゃんけんラインまで走る。ラインの手前で一度止まり、ラインを挟んで向かい合った相手チームの1人と、じゃんけんをする。

③ 勝った人はその場に残って、ほかの人とじゃんけんをする。負けた人は、自分のチームのスタートラインに一度戻り、再度じゃんけんラインまで走り、じゃんけんをする。先にスタートラインにだれもいなくなったチームの勝ちとする。

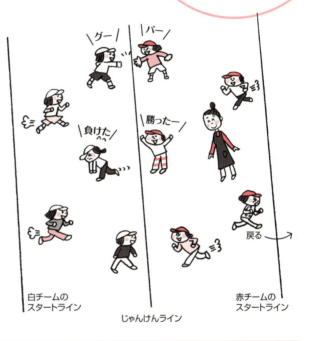

アレンジ
4〜5歳児だけで行うなら、時間を決めて1人1個ずつおはじきを持って、出会った人とじゃんけんをする勝ち抜き戦にしても。おはじきは、勝った人が負けた人から1個もらえます。ただし、じゃんけんに負けた人は、おはじきを持っていても、そこで終わりになります。終了のときに、持っているおはじきの数がいちばん多い人の優勝です（優勝者が複数になることもあります）。

あそび案／鈴木翼

パチパチおばけ

ルール理解のスタートにお勧め。みんなで簡単にあそべる、おにごっこです。

準備
・リーダーに追いかけられたときに、逃げ込める「安全地帯」を作る(ビニールテープで囲んでおく)。

あそび方

① リーダー(最初は保育者)が前に出て、「パチパチ、頭」「パチパチ、ほっぺ」などと必ず手拍子を2回してから、動作を指示する。子どもたちはリーダーのまねをする。

② リーダーが「パチパチ、おばけ」と言ったら、子どもたちはリーダーに捕まらないように、安全地帯まで逃げる。捕まった人は次のリーダーになる。

Point
2〜3歳児に「ルール」を伝えるときにわかりやすいあそびです。保育者が数回リーダーをやって見せれば、リーダーを交代してあそべます。指示をよく聞いていないと、「パチパチ、おばけ」を聞き逃すので、よく聞くように伝えます。慣れてきたら、動作を増やしてあそべます。

〈アレンジポーズ例〉

パチパチ
お母さん

パチパチ
お父さん

3月の保育とあそびのポイント

2〜3歳児ころは

2歳児は幼児らしくなり、3歳児は一段と成長を感じられる時期です。保育者や年上の子の仲立ちがあれば、ごっこあそびや簡単なルールのあるあそびもできます。保育者は、友達とあそぶ楽しさをさらに意識できるよう言葉をかけましょう。

3歳児は、身近なことに自分から取り組むようになり、自分の成長を喜び、進級に期待をもつ子が増えてきます。年上の子どもたちとの交流やあそびを積極的に行い、自立する喜び・楽しさを実感できるよう、援助していきましょう。

4〜5歳児ころは

3月のあそびとしては、友達と体も心も深くふれあえるようなあそびを子どもたちと一緒に選び、友達と思い切りあそぶ楽しさを味わえるようにしましょう。4歳児は集団あそびを楽しむ中で、友達のよさに気づき、人とのかかわりを深めていきます。保育者は年下の子を助ける喜びなどを実感できるよう、言葉をかけましょう。5歳児は、友達と協力しながらいろいろな行事やあそびを存分に楽しみ、さらに自信と自覚をもてるように援助します。成長を手助けしてくれた人に感謝の気持ちをもって、卒園できるよう配慮しましょう。

あそび案／伊瀬玲奈

どっちにゴール

紙しんを、うまくコントロールできないところがおもしろいあそびです。

準備

- 2グループに分かれる（1グループ3〜4人）。
- 1グループ1色ずつカラービニールテープと1つずつ紙しんを用意する。
- 子どもたちは紙しんの一方に、ビニールテープで印を付けてから好きなように巻く。
- 保育者がスタートとゴールにビニールテープをはる。

あそび方

① 保育者が審判になり、各グループは1列でスタートラインに並ぶ。

② グループの1人が紙しんに人差し指を通して持ち、「せーの！」とみんなで声をかけて、肩の高さから紙しんを落とす。グループの子は全員で、紙しんが転がり止まったところまで行き、紙しんの印の付いている方向に10歩進む。

※紙しんが立ったときは、もう一度、元の場所から落とすことができる。

③ 落とす役を交替しながら、②をグループ内で順番に繰り返し、早くゴールしたグループの勝ち。ただし、紙しんがゴールライン内に入ってしまったときは、その前の位置からやり直す。

アレンジ

繰り返しあそんだら、新しい紙しんを用意し、自分でテープを巻いた紙しんを相手グループに渡して、交換してあそんでみても。相手グループが投げたとき、より方向が定まらないテープの巻き方をグループで考える子も出てきます。

Point

紙しんはビニールテープの巻き方や重さによって転がる方向が変わるので、子どもたちがビニールテープを巻くときに、何度か落としたり、テープを巻く量を増やしたりして試せるよう、言葉をかけます。3歳児は、ゴールにたどりつけないと飽きてしまうこともあるので、ゴールまでの距離を短くして紙しんを転がす競争にするなど、工夫してみましょう。

あそび案／小沢かづと

トーナメンとうっ！

グループの動きがそろうと、とても楽しいあそびです。

 Point

リーダーには大きな声で声をかけるように伝えましょう。また、声をかけるテンポを速くすると難しくなって間違える子も増えます。保育者があそびに加わり、見本を示すようにしましょう。また、列を横列にして何列かのグループにして「前か後ろか……」と声をかけても、あそべます。あそび場の広さによって人数や隊形を変えてください。

あそび方

① 4〜5人ずつ縦1列に並ぶ。

② 先頭の子がリーダーになり、「左か右か、トーナメンとうっ！」と声をかけ、左右好きな方に、両足跳びで1歩跳ぶ。

③ リーダーと同じ方向に跳んだ子は、1ポイントもらえる。

④ リーダーは列の後ろにつき、2番目の子が次のリーダーになる。②③を繰り返し、全員がリーダーをしたら、グループ内の合計ポイント数を発表し合い、いちばんポイントの多かったグループの勝ち。

アレンジ

2つのグループに分かれてそれぞれ輪になります。グループでリーダーを1人決め、リーダーが「前か後ろか、トーナメンとうっ！」と声をかけます。リーダーと同じように動けた子は、輪に残り、指示と違った子は、輪から抜けます。グループの子が1人になってしまったら、その時点で終了。勝敗が決まらないときは、「あと○分」と時間を決めて行い、終了時に残っている子の多かったグループの勝ち。

※リーダー役を最初に保育者が行うとわかりやすいでしょう。

3～5歳児　普段のあそび　異年齢あそび　あそび案／大竹龍　鈴木翼

思い出のあそびを楽しもう！

5歳児のリクエストから選んだ異年齢あそびをみんなで楽しみましょう。

準　備	・くじ引きにする短冊形の紙（5枚）とくじを入れる空き箱を用意する。

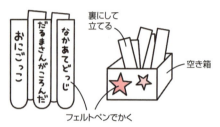

Point

小さい子にとって難しいあそびを提案することもあるので、話し合いの前に、保育者が話をしておきましょう。異年齢で行うときの時間や場所を考えて、選ぶあそびの数は調整してください。くじ引きや多数決を何度か行ってもいいでしょう。

導入の仕方1 （くじ引き）

① 5歳児が異年齢であそびたいあそびを話し合う。リクエストの多かったベスト5を決めて、保育者が紙に書き、箱に入れる。

② 全員でじゃんけんをして、くじを引く人を3人決め、それぞれくじを引く。

③ くじ引きで引き当てたあそびを、異年齢で行う。

導入の仕方2 （多数決）

① 5歳児に異年齢であそびたいあそびを聞く。その中で多数決を採り、ベスト3を決める。

② ベスト3になったあそびを、3～4歳児と行うときは、どんな工夫をしたらよいか5歳児に投げかけ、話し合ってルールを決めてあそぶ。（例：3～4歳児20人対5歳児3人など、人数のハンデをつける）。

あそび〈例〉

ペアだるまさんたちがころんだ

あそび方

① 「だるまさんがころんだ」を、年下の子とペアになり、手をつないであそぶ。
② ペアなので、1人が止まっていても、もう1人が動いてしまったら、NG。

ペアフルーツバスケット

準備
・画用紙に4種類の果物の絵をかき、穴をあけてひもを通したものを用意する。
・いすを円形に並べる（人数より2つ少ない数）。
・5歳児の中から1人リーダーを選ぶ。

あそび方

① 「フルーツバスケット」を5歳児と年下の子がペアで行う。ペアの1人が果物のカードを首から下げる。
② フルーツバスケットと同様に、リーダーに指示された果物のカードを下げたペアが移動する。

あそび DE トライアスロン

あそび方

① 子どもが選んだ3種のあそびを、トライアスロンのように続けて行う。
② 時間を決めておき、保育者の笛の合図が聞こえたら、すぐに次のあそびに変える。
＜例＞
おにごっこ→だるまさんがころんだ→ふやしおに　など）。

※動きの激しいあそびの次は静かなあそびにするなど、あそぶ順番を考えると、メリハリがついて楽しめる。

3月

あそび案／大竹龍

なーでなでじゃんけん
異年齢で仲良く、ふれあってあそべるじゃんけんあそびです。

あそび方

① 「違う年齢の子とじゃんけんをする」というルールにし、じゃんけんをする相手を探す。

② 「なーでなでじゃんけん、じゃんけんぽん」と言って、じゃんけんをする。勝ったら、それぞれ決まった動きをする。

③ 勝った子も負けた子も、次の相手を探して、また「なでなでじゃんけん」をしてあそぶ。

Point
じゃんけんができるようになった3歳児が、4～5歳児と一緒に楽しめるあそびです。グリグリ、ツンツン、なでながら、いろいろな友達とふれあえます。お別れ会の親子あそびとして行っても楽しいですよ。

3〜5歳児　普段のあそび　異年齢あそび　あそび案／小沢かづと

ぎりぎりせんぎり

唱え歌に合わせて、異年齢で一つのことを楽しみます。

準備
- 3人以上のグループに分かれる（5歳児が必ず1人入る）。
- 保育者が紙（コピー用紙か新聞紙）に円や三角、四角などの形をかく（コピーした物、またはかいた物1枚）。各グループに2枚ずつ配る。

あそび方

① グループごとに集まって座り、紙を破く順番を決める。

② 「♪ぎりぎり せんぎり びりびり（3回繰り返す）」と、1人ずつ順番に、みんなの手拍子に合わせて唱え歌をとなえながら、手で紙を破き、紙にかかれた形をなるべくきれいに破り抜く。

③ 歌い終わったら、破くのをやめ、次の人に回す。これを繰り返し、形を全部破り切ったら、終わり。いちばんきれいにできたグループの勝ちとする。

Point

線に沿って破くことは、3歳児には少し難しいですが、5歳児の破き方を見たり教わったりしながら、こつをつかめるようになります。あそびを始める前に、5歳児には3〜4歳児はきれいに破らなくてもいいこと、うまく破れないときは、少しずつ破くようにやり方を教えてほしいことなどを話しておきましょう。

紙（A4サイズくらい）
保育者がかいてコピーする（円や五角形でもよい）
♪ぎりぎり せんぎり びりびり〜

3月

アレンジ

全員を3グループくらいに分け、1グループは3、4、5歳児が交互で、横1列に並びます。1人が1枚の紙を2枚に破り、大きいほうを隣の人に渡します。渡された人も同様にして続けていき、これ以上破けなくなったら、終了。破くのに参加した人数が多かったグループの勝ちにします。

\はい!/

3〜5歳児　普段のあそび　異年齢あそび　あそび案／鈴木翼

おもいでのさんぽみち

5歳児が年下の子が喜ぶ楽しい散歩コースを考え、一緒に歩きます。

あそび方

① 5歳児に年下の子どもたちと散歩をすることを話す。今まで行った中から、年下の子どもたちに見せたい物や場所を選んで見に行き、いくつかの散歩コースを決める。

＜例＞
木の実が落ちている場所を教える。
いつもイヌがいる場所を教える。
この公園の滑り台がおもしろい。
など、ポイントを考える。

Point

5歳児には、年下の子が一緒に行くので、近くてゆっくり歩けるコースにするように伝えます。また、どんなことを教えると年下の子が喜ぶか（石の下にダンゴムシがいる、音が出る草があるなど）考えられるように話しておきます。引率の保育者は2〜3人必要なので、異年齢の保育者同士で話し合い、保育に支障のないようにしましょう。

② 3〜5歳児で、10〜12人ずつのグループを作る。5歳児が中心となり、グループごとに話し合って、①で考えた物や場所の入った散歩コースを決める。

③ 1日1グループずつ散歩に出かけ、1週間くらいで終了する（散歩に出かけないグループは、園の中であそび、帰りを待つ）。

ここにお花がいっぱい咲くよ

3〜5歳児 ／ 普段のあそび ／ あそび案／小沢かづと

びりぺったん

友達と一緒に協力して、すてきな額縁を作ってあそびましょう。

準備
- 包装紙または色画用紙（赤、青、黄色系の3色）の端切れ、段ボール板、のりを用意する。
- 保育者が段ボール板で、グループ数分の枠を作る。

あそび方

① みんなで色画用紙（包装紙）を破き、1つの山にする。

② 3色の中から好きな色を選び、色ごとにグループに分かれる。
※各グループは同人数でなくてもよい。

③ 保育者がグループに1つずつ段ボールの枠を配る。各グループはグループの色を①の山の中から見つけて、自分のグループの枠にすき間なくのりではる。

④ 全面にはれたら、枠から顔を出してあそんだり、枠に合わせてグループで絵をかいたりしてあそぶ。

Point
初めに、早く完成させる競争ではなく、グループのみんなで協力して、きれいな枠を作ることを話しましょう。また、友達と一緒に一つの物を作り上げる楽しさを共有したり、作った物に合わせて、グループのみんなで絵をかいてあそべるように言葉をかけましょう。

3月

4〜5歳児　普段のあそび　あそび案／小沢かづと

かぶりんボール

文字や数に興味のある4〜5歳児にぴったり。考えることを楽しみます。

準備
・自分の帽子を用意する（1人1つ）。
・ボール1個。

あそび方

① 全員で座って輪になる。

② 最初は保育者がボールを持ち、好きな言葉を言いながら、左右どちらかにボールを回す。ボールは、言った言葉の数（文字の数）と同じ人数分回し、最後になった人は自分の帽子をかぶる。
＜例＞
「おにはそと」なら、「お・に・は・そ・と」と数え、5人に回す。5人目の人は帽子をかぶる。

③ 次に②で最後になった人が好きな言葉を選び、同様にボールを回す。すでに帽子をかぶっている人が最後になったときは一度終了し、もう一度繰り返す。

④ 同様に繰り返し、最終的に全員が帽子をかぶれるように言葉を選びながら、ボールを回していく。全員がかぶったら、終了。

Point
帽子をかぶっていない人の所で、ぴったり止まるように言葉を考えるのが難しいゲーム。なかなか思いつかないときは、保育者や友達がヒントを出してもよいことにして、あそびをつなげましょう。

アレンジ

難易度が高いので、5歳児にお勧めです。言葉をしりとりに替えてあそびます。しりとりで言葉をつなげた人は帽子をかぶり、左右好きな方へボールを回します。ボールを受け取った人がしりとりで言葉をつなぎます。ただし、帽子をかぶっている人もそのまま参加し、全員が帽子をかぶるまでしりとりを続けます。

準備ラクラク 楽しい 親子あそび

親子あそびのポイント

園の保育参観(参加)や遠足などの際に、親子で参加するあそびは、保護者が子どもと楽しくふれあえ、みんなが笑顔になれるようなあそびを選びました。

行事の際、保育者はあそびだけでなく、ほかにもいろいろな準備があります。親子であそぶ時間には簡単に準備ができ、その場ですぐにあそべるもの、ルールが簡単でだれもが理解しやすいあそびを用意しておくと、子どもも保護者も楽しめます。ご紹介するあそびも、園の行事スタイルや状況に合わせて、アレンジして使ってください。

3〜5歳児 　保育参観でのあそび　親子のあそび　あそび案／鈴木翼

宝をゲット！

幅広い年齢で楽しめ、みんなで仲良くなるのにぴったりです。

準備
・子どもの人数分のボール（新聞紙で作ったボールでもよい）を用意する。
・大きめのフープ1本を輪の中央に置く。

あそび方

① 保護者がスクラムを組んで輪になって立つ。中央に宝（保育者）がしゃがむ。

② 「ヨーイドン！」で子どもたちは、はいはいで保護者の足の間を通り抜けて、輪の中央にいる保育者とハイタッチをする。保護者は加減をしながら、足を動かしてガードする。

Point
早く宝をゲットしようと、子どもは大急ぎで移動するので必死に。かわいいはいはい姿に、保護者からは「頑張れ〜」と自然に声がかかり、盛り上がります。保護者には、あらかじめ子どもが通り抜けるときは加減して、足を動かしてもらえるように話しておきましょう。

③ タッチできた子は、その場で「宝をゲット！」と言い、保育者の隣に座る。

④ 終わるタイミングは、雰囲気を見て、保育者のリードで決めていきましょう。

※5歳児が行う場合は、「20数えるうちに宝をゲットする」などとルールを作って行っても。

アレンジ

宝をボールなどの物に替えて、フープの中に置きます。子どもは30秒以内にはいはいで保護者の足の間をくぐり、ボールを1個ずつ取り、走って輪の外へ逃げます。

2〜3歳児 保育参観でのあそび 親子のあそび　あそび案／鈴木翼

エンドレスしっぽ取り
しっぽ取りの要領で、しっぽがなくなるまであそびます。

準備
- すずらんテープを切り、しっぽにする（20〜30本）。
- しっぽマンは、服のそでにすずらんテープのしっぽをたくさんつけて待機する。
  ※最初は保育者がしっぽマンになる（保護者と交代しても）。
- 保護者は服のすそに、しっぽを2本つける。

Point
取ったはずなのに、またしっぽが……。子どもは夢中でしっぽを追いかけます。逃げる保護者もだんだん真剣になるので、緊張がほぐれます。
最初は保育者がしっぽマンになると、しっぽマンのしっぽをねらって取りにくる子もいるので、かわしながらしっぽを届ける要領を保護者に伝授できます。

あそび方

① しっぽマンの「スタート！」の合図で、子どもは保護者を追いかけて、しっぽを取る。
　※しっぽを取るときは、1回に1本ずつ取るようにする。

② しっぽを2本とも取られた保護者は、その場にしゃがむ。

しっぽマン

③ しっぽマンはしゃがんだ保護者を見つけて、しっぽを2本ずつ届ける。しっぽマンのしっぽがなくなったら終了。
　※子どもがしっぽをつけて逃げ、保護者が追いかけても。また、親子がペアになって2チームに分かれ、手をつないで行っても楽しくあそべる。

親子あそび

2〜3歳児　保育参観でのあそび　親子のあそび　あそび案／大竹龍

ヒュー、ストン

家庭でも簡単にあそべるので、保護者に勧めてみましょう。

あそび方

① 保護者は足を伸ばして座り、子どもは向き合って足の上に座る。「ロケットが上がりま〜す」という保育者のリードに合わせて、保護者は子どもの両脇を支え、徐々に子どもを上のほうへ抱き上げる。

② 「10、9、8、7……0」と保育者がカウントダウンする間、保護者はそのままの位置でだっこの姿勢をキープして合図を待つ。

※保育者がカウントダウンするときに「3、2、1……ヘックション」などとフェイントを入れても。

③ 保育者の「落ちる〜」の合図で、元の位置まで子どもを下ろす。

 Point

親子が1対1でふれあってあそべるので、保育参観や遠足などで初めて行うあそびにピッタリ。保育者のリードによって、集団であそぶ楽しさも共有できます。また、何回か行ったら、親子だけでなく保護者が交代してあそぶと、保護者同士の会話が生まれます。

あそび案／大竹龍

ガーガーずもう

子どもは立って、保護者はしゃがんで行う楽しいおすもうです。

準備
・段ボールや厚紙などで、保育者が行司の軍配を作る。
・テープまたはマットで土俵を作る。

あそび方

① 子どもは立ったまま、保護者はアヒルポーズ（しゃがんで子どもと同じ目線になる）をして、土俵（テープで作った白線やマット）に入る。

② 保育者の「はっけよーい、のこった」の合図で保護者も子どももアヒルになりきってガーガーとアヒル語で話しながら、すもうをとる。土俵から外に出たり倒れたりしたほうが負け。

※アヒルをネコに替えて、ネコパンチを出しながらすもうをとっても。

Point

保護者はしゃがむことがハンデになり、楽しくすもうがとれます。親子でふれあいながら全身を動かせるので、普段なかなかじっくりとふれあう時間がとれないお父さんたちにお勧めです。慣れてきて子どもが勝つことが増えてきたら、保護者はひざを少し伸ばし、姿勢を高くするとより力を出しやすくなります。難易度を上げたいときに試してみてください。

親子あそび

3〜4歳児　普段のあそび　保育参観でのあそび　親子のあそび　あそび案／鈴木翼

楽しくタッチタッチ （「アルプス一万尺」のメロディーで）

いろいろな人とペアになってたくさんあそぶうちに、仲良くなれるあそびです。

あそび方

♪ **おててつないで おしりをさわろう**
　　さわられないように さわっちゃおう

① 親子で手をつないで、歌に合わせて歩いたりスキップしたりして、自由に動く。

♪ **ランラララ ラララララ ランラララ ラララ**
　　ランラララ ラララララ ランランランランラーン

② 手をつないだまま、子どもは保護者のおしりを、保護者は子どものおしりを触る。お互いに触られないように逃げながら、相手のおしりを触る。

※歌が終わったら、何回か繰り返してあそぶ。慣れてきたら、保護者が交代して、いろいろな子どもとあそぶようにする。

アレンジ

♪ **てとてをつないで　こちょこちょしちゃおう**
　　さわられないように　くすぐっちゃおう

Point

相手に触られないように逃げながらタッチするので、おにごっこ感覚でおもしろさもアップ。保育者がリードして、みんなで歌いながらあそんだり、曲を流したりしてあそびましょう。また、歌詞を替えて、タッチする場所を肩やおなかに変えたり、くすぐったりしても楽しめます。

3〜4歳児 保育参観でのあそび 親子のあそび　あそび案／小沢かづと

ぐるぐるさんぽ

子どもと保護者が手をつないで輪になってあそびます。

Point
「次は自分の前に止まるかも」という期待感で、ちょっとワクワクするあそびです。握手をするときにお互いに名のり合うようにすると、仲良くなるきっかけになります。

あそび方

♪ **ぐるぐる ぐるぐる どこにいく**

① 子どもと保護者で手をつないで輪を作って歩く。最初は保育者が輪の中に入り、自由に節をつけて唱えながら、その場で回る。
※歌は保育者がリードして、みんなで節をつける。

♪ **ぐるぐる ぐるぐる きまった**

② 保育者は①と反対回りに歩き、「きまった」で止まる。

③ 保育者は止まった場所からまっすぐ歩き、前にいる人の所まで行って、握手をする。

④ 握手された人は、保育者と交代して輪の中央に行き、①から繰り返してあそぶ。
※人数が多いときは、輪の中に入る人数を2人、3人と増やして、同時に交替するようにしてあそぶ。

親子あそび

4〜5歳児　保育参観でのあそび　親子のあそび　あそび案／大竹龍

金の像を探せ

保護者と子ども、子ども同士がふれあい、笑顔がはじけるあそびです。

準備
- ハガキ大の紙（コピー用紙や画用紙など）に、金の像（金色のフェルトペンで像をかく）や動物などの絵をかく（保護者の人数分）。
  ※金の像は2〜3枚入れておく。
- 保護者は、絵をかいた紙を裏返しにしてテープで背中にはる。

＜用意する紙（ハガキ大程度）＞

Point
保護者は子どもにひっくり返されないように頑張るので、ちょっとした運動になります。子どもたちは「金の像を探す」という目的があるので、夢中になって協力し合います。保育者は時間を計りながら、子どもや保護者を励まし、あそびを盛り上げましょう。

あそび方

① 保護者は床にあおむけに寝る。

② 時間を決めて、保育者の「スタート」の合図で、子どもは協力して保護者をうつぶせにひっくり返し、金の像がかかれた紙を探す。

③ 「終了」の合図で、金の像を何枚見つけられたか発表する。
※親子ペアになり、全体を2チームに分けて対抗戦にしても。

4〜5歳児　普段のあそび　保育参観でのあそび　親子のあそび　あそび案／小沢かづと

おとなりさんゲーム
子どもが保護者同士のかかわりをつないでいく、楽しいあそびです。

準備
- 親子ペアの数だけいすを2脚ずつつなげて、円形に並べる。
- BGMにする曲のCD（テンポの良い、リズミカルな曲を選ぶ）とCDプレイヤーを用意する。

あそび方

① BGMに合わせて、いすで作った円の内側を子どもも保護者も自由に歩く。

② BGMが止まったら保護者は子どもを探し、だっこしていすに座る（子どもは保護者のひざの上に座る）。

③ 全員が座ったら、隣り合った子ども同士がハイタッチをして、子どもも保護者も自己紹介し合う。みんなが仲良くなれるよう、何度か繰り返してあそぶ。

Point
普段から子ども同士でペアになって、いすに座るゲームとしてあそんでおくと、ルールが理解しやすく、保護者が加わってもスムーズにあそべます。いすを使わずに、芝生の上や床に直接座るようにすれば、いろいろな場所で楽しめます。

親子あそび

アレンジ
自己紹介の時間を長めにとり、名前だけでなく、保育者が「好きな食べ物を聞いてみましょう」「子ども同士でじゃんけんをしましょう」などといろいろなお題を出すと、会話が弾みます。あそびの中で自己紹介をし合うので、保護者の緊張がほぐれます。

2〜3歳児 / 普段のあそび / 保育参観でのあそび / 親子のあそび

あそび案／大竹龍

ビリッと突き破れ！

大好きなヒーローになり切って、新聞紙の怪獣をやっつけてあそびます。

準備
- 新聞紙に怪獣の絵をかくか、色を塗る。
- 新聞紙を持つ保育者2人×チーム数とスターターを1人決める。
- カラーポリロールを1mくらいに切った物（子どもの人数分）を用意し、マントにする。

あそび方
① 親子は2組ずつスタートラインに並ぶ。
② 保育者のスタートの合図で、親子は走ってマントゾーンまで行き、子どもはマントを身に着ける。着け終わったら、親子で「ビリビリマン！」と声を上げ、思い思いにヒーローのポーズをする。
③ 新聞紙の怪獣を豪快にパンチやアタックで満足するまで破ってやっつけ、手をつないでゴールする。

Point
なり切ることが楽しいあそびです。日常的にあそんでいる新聞紙を、親子で思い切り破ることで、気持ちもすっきり、爽快感が味わえます。キックで破ると転倒やけがにつながるので、控えるようにしましょう。

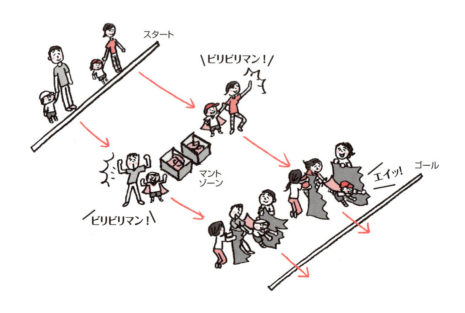

あそび案／大竹龍

エビ・カニリレー

親子でエビやカニのまねをして、体を動かして楽しめるリレーです。

準備
- スタートとゴールにする線をかく（テープをはっても）。
- カラーコーン（段ボール箱など）を2つ用意し、5〜6mくらい先の折り返し地点に並べる。

あそび方

① 親子がペアになり、2チームに分かれる。折り返し地点には、カラーコーンを置いておく。

② 親子で手をつなぎ、保育者の合図でスタートする。行きはカニになって横歩きをし、カラーコーンを回ったら、帰りは後ろ向きになってエビ歩きをして戻り、次の親子にタッチする。

※カラーコーンの位置を変えて距離を伸ばす、カラーコーンの数を増やしてスキップを取り入れるなど、難易度を調節すると、4〜5歳児の親子も楽しめる。

Point
体を動かしながら、親子でふれあってあそべます。カニやエビの動きがかわいらしいので、行事もほのぼのとした雰囲気に包まれます。運動会の親子種目などにもぴったりです。

3〜4歳児 保育参観でのあそび／親子のあそび

あそび案／大竹龍

集まれんじゃー

チームごとの親子ペアが、ミッションに従って動く借り物競走のようなゲームです。

あそび方

① 親子がペアになり、人数に合わせて2チーム以上に分かれる。1回戦ごとにそれぞれのチームから「集まれんじゃー」になる親子が数組ずつ参加する。

② 司会の保育者は、1回戦ずつ「集まれんじゃー」にミッション（お題）を出す。各チームの親子は、ミッションに合う人を探して自分のチームのいる場所に連れていく。連れてきたら、ミッションは完了。

＜ミッション（お題）＞
・めがねをかけた人
・青い服の人
・帽子をかぶった人　など。

Point

行事に参加している人とふれあい、一体感を味わえるゲームです。司会の保育者は、各チームのポーズを楽しく実況しましょう。運動会で行う親子種目にお勧めです。

③ 全チームがミッションを完了したら、1番にミッションが完了したチームから、連れてきた人と一緒に自分のチームの陣地で好きなポーズをしてもらい、1回戦は終了。

※人数に合わせて3〜4回戦行う。

3〜5歳児 / 保育参観でのあそび / 異年齢あそび / 親子のあそび

あそび案／伊瀬玲奈

わたしのカメの子どこかしら？

うずくまっているたくさんの子どもの中から、目当ての子どもを探します。

準備
- カラーポリロールを1.5mくらいに切った物を子どもの人数分用意する。
- カラーポリロールを切ってビニールテープをはり、甲羅の模様にする。
- 子どもは体操服にカラー帽子をかぶり、カラーポリロールの甲羅をかぶってうずくまる。
- ダミー参加者を決める（年齢の異なるクラスの子2〜3人）。

あそび方

① クラスの子ども全員とダミー参加者は、甲羅を持ち、ランダムに広がる。好きな方向を向き、カメになってうずくまる。
※カメになっているときは、顔を上げないこと、声を出さないことを約束しておく。

② 保育者のスタートの合図とともに、保護者は自分の子を探す。見つけたら、ゆっくりと体をひっくり返す。自分の子だったら、手をつないでゴールする。間違ってひっくり返してしまったら、ひっくり返した子を元の姿勢に戻す。
※全員がゴールするまで行う。

Point

子どもたちはカメになり切って、頭と手だけを見せ、保護者に見つけてもらったり、ひっくり返されたりするのを楽しみます。じっと待っていられない2〜3歳児には、うずくまっている友達の名前を当てっこするあそびとして、アレンジしても楽しめます。

親子あそび

2〜5歳児 **保育参観でのあそび** **親子のあそび**

あそび案／大竹龍

親子ゆうえんち

親子のふれあいを楽しみながら、4つのアトラクションゾーンを回ってゴールします。

準 備

- ご褒美シール（4ゾーン×子どもの人数分）を用意する。
- 各ゾーンのラインを引く。
- 各ゾーンに1人、ご褒美シールを渡す保育者を決め、配置する。
- クラスの親子がペアになり、ほぼ均等の人数になるように4つのゾーンに分かれる。
- 各ゾーンで行うことやルールを保育者が行ってみせながら、説明する。

ごほうびの星シール

はる

あそび方

① スタートの合図で、親子で各ゾーンの決められたふれあいあそびをする。

② ゾーンで決められたあそびをしたら、保育者からご褒美シールをもらい、子どもが帽子にはる。残りのゾーンのうち、好きなゾーンに行く。
※スタートの合図以降は、各親子のペースであそぶ。

③ すべてのゾーンを回り、ごほうびシールが4枚そろったら、親子で手をつないでゴールする。

♥Point

各ゾーンの説明をするときに、早くゴールすることが目的ではなく、親子でふれあうことを楽しむことが目的であることを伝えておきましょう。保護者に無理のないアレンジをした動きも示し、選べるようにします。そうすることで、祖父母の参加も可能です。また、時間を厳守したいときは、曲を流してスタートし、曲の終わりと同時に終了するというルールにするといいでしょう。

アトラクションゾーンのあそび方

親子ジェットコースターゾーン 10回
保護者が子どもをおんぶして揺らす。
または、手をつないで前後に揺らす。

親子クレーンゲームゾーン 1個

保護者が子どもを抱っこし、子どもがボールを拾って、かごに入れる。または、親子で片手だけ使って、ボールを拾う。

親子花火ゾーン 5回

保護者が子どもを高い高いする。または、手をつないで、その場で親子でジャンプする。

親子観覧車ゾーン 5回

保護者が子どもを抱っこして、揺らす。または、親子で立ったままの状態で、抱き締めて揺らす。

親子あそび

あそび早見表

子どもの年齢、人数、どんなときにあそびたいか、など条件に応じたあそびが簡単に見つかります。
※それぞれの条件が当てはまるかどうかは、よりふさわしいと思われる目安です。子どもの発達や様子に合わせて選んでください。

ページ	あそびタイトル	おすすめ年齢				人数		おすすめシーン						
		2歳児	3歳児	4歳児	5歳児	多人数	少人数	普段のあそび	朝や帰りの集まり	ちょっとした空き時間	保育参観でのあそび	夏期保育でのあそび	異年齢であそぶ	親子あそび
6	おなまえ タンタン	●	●	●	●	●	●	●	●	●				●
7	てとて なかよし	●	●				●	●	●	●				●
8	おはよう！	●	●	●	●	●			●					
9	まねっこパンパンパン	●	●			●	●	●	●	●				●
10	お散歩探検ごっこ	●	●	●		●	●	●			●		●	●
11	おともだちと	●	●	●		●		●			●	●	●	
12	「ぎゅー」でつかまえて	●	●			●	●	●			●		●	●
14	じゃんけんタッチ		●	●	●	●		●		●			●	
15	「いっしょに」であそぼ	●	●	●		●	●	●	●	●	●			●
16	かぜろべえ		●	●	●		●	●		●				●
17	風はどっちから？		●	●	●		●	●		●			●	
18	パタパタうちわ			●	●		●	●				●		●
19	ボールを逃がさないで		●	●	●	●	●	●			●	●		
20	くっつけまてて		●	●	●		●	●			●		●	
22	なーにが動いた？			●	●		●	●		●				
23	いろいろ○△□		●	●	●	●	●	●			●			
24	片足と両手仲良し		●	●	●	●	●	●			●		●	●
25	すりすりサーファー			●	●		●	●				●		
26	いっぽん釣り		●	●	●		●	●		●				●
27	あわあわスポンジ		●	●	●		●	●				●		●
28	ウキウキ～ドン！			●	●	●		●			●			
30	フープくぐりリレー			●	●	●		●			●		●	
31	ぐるぐる出てくる		●	●	●		●	●					●	●

ページ	あそびタイトル	2歳児	3歳児	4歳児	5歳児	多人数	少人数	普段のあそび	朝や帰りの集まり	ちょっとした空き時間	保育参観でのあそび	夏期保育でのあそび	異年齢であそぶ	親子あそび
32	渦巻きキャッチ			●	●	●		●				●		
33	魔法のくすり	●	●	●	●		●	●				●		
34	アイスレインボー		●	●	●	●	●	●				●		
35	矢印はどこだ		●	●	●	●		●				●		
36	通しま仙人		●	●	●	●	●	●				●		
38	夕立だー！	●	●	●	●	●		●				●		
39	お化けを探せ！		●	●	●	●	●	●				●		
40	○○スイッチ		●	●	●	●	●	●				●		
41	ウォーターマラソン		●	●	●	●		●				●		
42	王様だんご			●	●	●		●				●		
43	海のメドレー		●	●	●	●		●				●		
44	なんとかなる輪		●	●	●	●	●	●				●		
46	さわって²	●	●	●	●		●	●				●		
47	いろえんぴつランド		●	●	●		●	●				●		
48	なになんのにおい？		●	●	●		●	●				●		
49	勇気のつるぎ			●	●		●	●			●	●		
50	トライアングルタワー			●	●		●	●				●		
51	鐘が聞こえたのはだれ？		●	●	●		●	●	●			●		
52	みみあて		●	●	●		●	●				●		
54	秋こそ忍者	●	●	●	●		●	●						
55	ザック探検隊		●	●	●	●		●						
56	タオル DE 消防隊	●	●	●	●		●	●						
58	なんでもクレープ屋さん		●	●	●		●	●						
60	なんでもピッ！		●	●	●		●	●						
61	ひっくり返して ぽん		●	●	●	●		●						
62	おむすびころりんすっとんとん		●	●	●		●	●					●	
64	○○マン		●	●	●	●		●						

ページ	あそびタイトル	2歳児	3歳児	4歳児	5歳児	多人数	少人数	普段のあそび	朝や帰りの集まり	ちょっとした空き時間	保育参観でのあそび	夏期保育でのあそび	異年齢であそぶ	親子あそび
65	しりとりでポーズ		●	●	●	●		●			●			●
66	ステージごっこであそぼう		●	●	●	●		●			●			●
68	どこから見ても		●	●	●	●	●	●			●			●
69	サイレントミッションゲーム			●	●	●	●	●		●	●			●
70	大きくなったワ	●	●	●	●		●	●	●	●			●	
71	結んでほどいて	●	●	●	●		●	●	●	●	●			
72	どこであいました?		●	●	●	●		●			●			
74	はさんでどんどん	●	●	●	●	●	●	●			●			●
75	ものしりとり		●	●	●		●	●	●	●				
76	ころりん		●	●	●		●	●		●				●
77	もちつきぺったん	●	●	●	●	●	●	●	●		●			●
78	ぶんぶんごまリレー			●	●	●		●			●			
79	フ〜ラミンゴおに		●	●	●	●		●				●	●	
80	ひっぱりだこ			●	●	●		●				●		
82	動物すごろく	●	●	●	●		●	●		●			●	●
83	福引きで大当たり!		●	●	●	●	●	●			●			●
84	お手玉のっけてお年玉		●	●	●	●	●	●			●			●
85	モノかるた		●	●	●	●	●	●			●			●
86	おみくじごま		●	●	●		●	●		●				●
87	なんでもごま		●	●	●		●	●		●				●
88	あんこもち	●	●	●	●	●		●	●		●			
90	雪だるまおに		●	●	●	●		●			●			
91	おなかおに		●	●	●	●		●						
92	サメカメアメ	●	●	●	●	●	●	●	●	●			●	●
93	どっちかな	●	●	●	●	●	●	●	●	●	●			●
94	あ・うんのストロー		●	●	●		●	●		●	●			
96	お茶の間スタジアム		●	●	●	●	●	●			●			●

ページ	あそびタイトル	2歳児	3歳児	4歳児	5歳児	多人数	少人数	普段のあそび	朝や帰りの集まり	ちょっとした空き時間	保育参観でのあそび	夏期保育でのあそび	異年齢であそぶ	親子あそび
97	ラン・ジャン・ラン			●	●	●		●			●		●	
98	パチパチおばけ	●	●	●	●	●	●	●	●	●			●	
100	どっちにゴール		●	●	●	●	●	●					●	
101	トーナメンとうっ！			●	●	●		●			●	●		
102	思い出のあそびを楽しもう！				●	●	●	●					●	
104	なーでなでじゃんけん		●	●	●		●	●	●	●				●
105	ぎりぎりせんぎり		●	●	●		●	●	●	●				
106	おもいでのさんぽみち			●	●	●	●	●			●			
107	びりぺったん		●	●	●	●	●	●		●			●	
108	かぶりんボール			●	●	●		●			●	●		
110	宝をゲット！			●	●	●		●			●	●		●
111	エンドレスしっぽ取り		●	●	●	●		●				●	●	
112	ヒュー、ストン		●	●	●		●	●						●
113	ガーガーずもう			●	●		●	●			●			
114	楽しくタッチタッチ		●	●	●	●	●	●	●		●			
115	ぐるぐるさんぽ		●	●	●	●	●	●	●					
116	金の像を探せ			●	●	●		●				●		
117	おとなりさんゲーム		●	●	●	●	●	●	●	●				
118	ビリッと突き破れ！	●	●	●	●	●	●	●			●			●
119	エビ・カニリレー			●	●	●		●			●	●		
120	集まれんじゃー		●	●	●	●		●					●	
121	わたしのカメの子どこかしら？		●	●	●	●	●	●					●	●
122	親子ゆうえんち		●	●	●	●					●			●

編　著	●ピコロあそび会議

監　修	●犬飼聖二 （あそび工房らいおんバス代表・上智社会福祉専門学校保育科講師）

あそび案	●小沢かづと（あそび歌作家） ●鈴木翼（あそび歌作家） ●伊瀬玲奈（和洋女子大学助教） ●大竹龍（江東区白河かもめ保育園主任）

STAFF

カバーデザイン	●長谷川由美
本文デザイン	●長谷川由美　玉本郷史
イラスト	●石崎伸子　常永美弥
企画・編集	●佐々木智子 ●リボングラス（若尾さや子　吉清美樹子）
校　正	●鷗来堂